青春期养育

21天 家长情绪管理与亲子沟通提升指南

杨菁◎著

人民邮电出版社

北　京

图书在版编目（CIP）数据

青春期养育：21天家长情绪管理与亲子沟通提升指南 / 杨菁著. -- 北京：人民邮电出版社，2025.

ISBN 978-7-115-67054-0

Ⅰ．G782

中国国家版本馆 CIP 数据核字第 20256HB180 号

内 容 提 要

养育青春期孩子的过程充满了挑战，家长如何才能让孩子最受益？面对媒体宣传的种种方法，到底哪些最匹配自家孩子？这是一本专门为青少年家长打造的实用指南，旨在帮助家长更好地应对青春期孩子的身心变化、情绪波动及亲子沟通中的挑战。

本书分为三大部分：第一部分聚焦青春期孩子的身心变化，涵盖身体发育、性教育、大脑发育、心理成长及自伤成瘾行为等关键话题，帮助家长理解孩子的内在需求与行为背后的原因；第二部分专注于家长的情绪管理，通过 21 天的练习，引导家长识别、拆解和重构自己的情绪反应，避免情绪失控对亲子关系造成负面影响；第三部分则聚焦亲子沟通新模式，通过 21 天的练习，帮助家长转变旧角色、明确新职责，学会用更有效的方式与孩子对话。总之，本书从科学的角度出发，结合丰富的案例和实操练习，为家长提供了系统化的情绪管理方法和沟通技巧，帮助他们在 21 天内逐步改善与孩子的关系，营造和谐的家庭氛围。

本书适合家有青春期孩子的家长、教育工作者、心理咨询师及对青少年成长感兴趣的读者阅读。

◆　　　著　　杨 菁
　　　责任编辑　张国才
　　　责任印制　彭志环
◆人民邮电出版社出版发行　　　北京市丰台区成寿寺路 11 号
　　邮编 100164　　电子邮件 315@ptpress.com.cn
　　网址 https://www.ptpress.com.cn
　　北京市艺辉印刷有限公司印刷
◆开本：880×1230　1/32
　　印张：7.25　　　　　　　　2025 年 5 月第 1 版
　　字数：130 千字　　　　　　2025 年 5 月北京第 1 次印刷

定　价：59.80 元

读者服务热线：（010）81055656　印装质量热线：（010）81055316
反盗版热线：（010）81055315

写作本书的背景

青春期对人有深远的影响，它不仅是孩子身心发展的考验期，而且是整个家庭运转能力、家长养育能力的检验期。这个时期的家庭教育决定了青少年成长发展的心理底色。

随着社会的重视，家庭教育蓬勃发展，家长可以通过短视频、工作坊等多种途径了解和学习与家庭教育相关的内容，这都能促进家长的科学养育。然而，以上途径均有不足之处。碎片化的短视频常有夸大其词之嫌，内容也常流于表面，难以在现实中指导实践；连续数月的工作坊虽然较系统、深入，但周期长、费用高的缺点常使家长的学习热情受阻；近来火热的主播和专家连麦常因时间限制，而无法深入、持续地给予指导和帮助。以上不足都使家长在家庭教育方面的学习效果大打折扣，家长们需要更科学有效的学习途径。

在从事家庭教育的工作中，我和多位同行发现，多数家长都希望某个方法能一蹴而就地解决养育中的所有问题。但真实情况是每个家庭都有自己的养育特点，不可能有某个一成不变的方法适用于所有家庭。然而，从为人父母的角度来说，家长的焦虑无可厚非。因为时间不等人，如果家长彻底扭转教育理念后才能帮助孩子，那么孩子的宝贵时间也就浪费了。因此，家庭教育只有兼顾家长的实际需求和教育本身的规律，才能最大限度地让家长和孩子受益。

基于以上原因，我汇总了先前多次家庭教育的实践内容及成果（根据课程初始版本形成的文章已发表在国家核心期刊《中国学校卫生》上），整理成此书，希望能为家长提供兼顾效果与效率的指导，深入系统地提升家庭功能及家长养育能力，帮助家长构建适合自己家庭个性的养育框架；让家长不仅能快速抓住养育问题的核心，还能直接使用实操工具解决问题，最终更加从容地面对各种养育困难。

本书的内容及其价值

本书分为三大部分，汇集了家长反馈的养育难题，并结合了此前的实践成果及家庭功能的评估维度。家长可先用量表（见附录）评估自己家庭功能的不足之处，然后更有侧重地选择对应的专题进行练习。

第一部分"家长必知的青少年知识"专门为知识不足的家长而设。其实，很多亲子问题是因家长不了解青少年特点而导致的，这类问题往往在家长了解相关知识后就会得到解决。在这部分，家长不仅会从身、心、脑 3 个层面更深刻地理解青少年的种种行为表现，而且会对性教育、网瘾、自伤等敏感话题形成更清晰的认识，了解更妥当的处理方式。知其然，知其所以然，才能把握事物的本质。养育也一样，简单地了解与青少年相关的知识，就能激发家长自身的养育智慧。

第二部分"情绪管理新习惯 21 天练习"是针对常被情绪左右而不能有效处理问题的家长设置的。家长的情绪管控不仅会影响养育的效果，而且会影响孩子的情绪调节能力、潜力的发挥、学习的效果。其实，每个人的情绪管理方式只是一种长年累月形成的习惯，只要刻意地加以训练，习惯都是可以改变的。通过这部分的 21 天高频持续训练，家长不仅能更深刻、透彻地了解自己的情绪，还能通过 4 个步骤重塑自己的情绪管理习惯，以及培养孩子的情绪管理习惯。一旦家长能在亲子沟通中有效地利用情绪因素，孩子将会更加敞开心扉，亲子沟通也会更加顺畅无阻。

第三部分"沟通新模式 21 天练习"是针对在沟通中频频与孩子针锋相对或束手无策的家长设置的。这部分为家长指明了亲子沟通不畅的根本原因，并深入分析了 10 种典型的亲子沟通难题。同时，这部分还介绍了 10 种沟通新角色，帮助家长形成养育新思维和新习惯，更好地为孩子创设良性的沟通机制。通过这部分的 21 天训练，家长将能迅速抓住亲子沟通问题的核心，并能用新模式更自如地应对亲子沟通中的困境。

总而言之，通过本书的学习与实践，家长将修复此前缺失的家庭功能，并形成更有建设性的情绪管理习惯和沟通习惯，实现高效且高质量的沟通和养育。

青春期是青少年频频遇到挑战的风暴期，我希望本书介绍的知识能成为滋养孩子的源泉，与家长一起陪孩子顺利度过青春期，稳稳地茁壮成长。

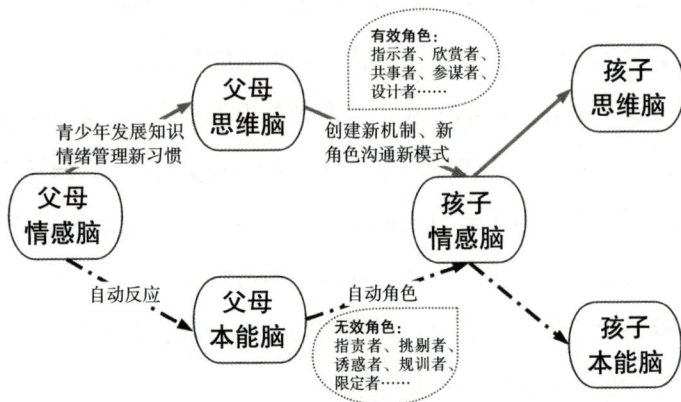

情绪管理新习惯：阻断家长本能脑，促进家长、孩子开启思维脑。
沟通新模式：阻断无效角色，促进家长创建新机制、开启有效角色。

致谢

家庭教育是一片云推动另一片云的过程。只有家长能够管理好自身情绪，了解自己的养育风格和习惯，才能形成扎实深厚的养育力，让孩子从与你的言行互动中获得可以信服的引导和教育。本书的构思正是基于这个理念。无论是各章中直接使用的工具，还是特设的持续练习及陪伴营，都旨在帮助家长安顿好自己的生活，形成真正持久有效的养育力，由内而外地建立适合家庭特点的养育框架，最终让家长能更从容、灵活地面对各种养育困难，处理各类亲子沟通问题。

在本书的创作过程中，我得到了身边很多人的帮助。在此，我要特别感谢他们。我要特别感谢我的师傅吕凤琴老师，她在我遭遇变故、精神最艰难的时期，无私地向我伸出了援助之手；我要特别感谢我的朋友李笑桃、查秀婷，以及林霖女士，她们或为我牵线搭桥，或为我引荐出版社，本书的顺利面世离不开她们的热心帮助；我还要特别感谢我的父母，他们的养育让我从自己的经历中有所感悟和发现。最后，我要特别感谢我的爱人徐先生，他在我备受创作的压力时主动承担了各种事务，并时常鼓舞我，在生活及精神上给了我极大的支持。

再次感恩。

感恩这份生命的礼物。

目录

第 3 章　养育过程不犯愁——沟通新模式 21 天练习

第 1 章

家有儿女初长成

——家长必知的青少年知识

很多家长观察到孩子进入青春期后，变得脾气大、自我、难沟通。这给家长在养育孩子的过程中带来了前所未有的挑战。那么，青春期孩子为什么会有这样的表现呢？其实，这背后是有原因的。很多时候，家长只需要简单了解一些青少年发展的基础知识，就能大大减少养育过程中的焦虑，并解决很多养育难题。

在这个板块中，你将会从身、心、脑三个层面更深刻地理解孩子的各种行为表现，也会对性教育、网瘾、自伤等敏感话题形成更清晰的认识。只有知其然，且知其所以然，你才能把握事物的本质。养育孩子也一样，你对孩子的行为理解得越透彻、准确，就越能更客观地看待孩子的行为，更从容、妥当地处理养育孩子过程中的问题。

1.1　身体变化：家长陪孩子面对的第一课

青春期孩子将经历身心各方面的剧变，帮助孩子适应变化是家长在这个时期的重要职责。而孩子身体的迅速发育，就是你需要陪他们一起面对的第一课。

现在请想一想，你所了解的青春期孩子（男孩／女孩）会发生哪些身体变化？

身体的迅速发育往往会引发孩子心理感受的剧烈变动。因此，身体发育产生的影响不容小觑。以下是青春期孩子身体会发生的变化，你可以对照表格检查自己的了解程度。

家有女孩	家有男孩
• 通常 10 ~ 12 岁开始。 • 身高突增。 • 出现腋毛。 • 乳房发育。 • 臀部变圆。 ……	• 通常 12 ~ 14 岁开始。 • 身高突增。 • 出现腋毛。 • 出现胡须、喉结、变声。 • 出现勃起、遗精。 ……

对于任何一个刚踏入青春期的孩子来说，身体发生变化

都是第一次经历。虽然很多孩子早已通过课堂或家长的讲解对青春期有所了解，但当青春期真正到来、需要亲身经历时，他们依然会产生很多截然不同且复杂的感受。

每个人的青春期体验都是独一无二的。回想自己的青春期，当身体发生变化时，你是不是或多或少感受到了不同？如果仔细回想，你或许还能记起自己或同学因身体变化而产生的担心、好奇、紧张、不适应、羞耻、恐惧等情绪。发育的快慢、体味、汗毛的长短、青春痘等在现在的你看来也许微不足道，但对那时的你或同学来说都可能是令人烦恼的问题。现在，你的孩子也正在经历这个全新的体验，面对各种身体变化带来的小烦恼。如果没有人能理解和解答他们身体上出现的这些烦恼，那么他们的心里可能会留下长久的困惑、担忧和羞耻感。而如果你能认真帮助孩子解答，将会大大减少他们不必要的烦恼与精力消耗。

现在请想一想，孩子在青春期前后为哪些身体变化苦恼过？你是否认真、耐心地解答过？

除了因不适应身体变化而感到烦恼以外，一些有关身体的错误观点也常会引发青春期孩子的担忧。例如，对于男孩来说，如果把身高与自尊联系在一起，就会对自己个头的高低产生困扰；对于女孩来说，如果把乳房、月经与羞耻感联系在一起，就会对乳房大小及月经问题感到烦恼；一些孩子还会因为自己与媒体宣扬的不同而对自己的身体感到自卑，或因为对体型的错误认识而盲目减重，导致营养不良、精神不足；还有些孩子因为欠缺生理知识，用身体特征开同学的玩笑，或者用伤害性的行为和言语攻击别人的发育变化，严重的甚至会导致校园霸凌。以上都是青春期孩子比较容易遇到的困扰，家长需要在日常留意孩子的这些方面。当你发现孩子在这些方面有困扰时，你只需要认真、简要地给孩子讲解相关的身体知识，就能很大程度上减少孩子的担忧和疑虑。例如，你可以告诉孩子"身高、乳房和皮肤的颜色一样，都和基因有很大关系""月经是子宫内膜规律脱落导致的，和长指甲一样正常。原始人缺乏知识，经常把不了解的现象神化或者污名化，求龙王降雨、对月经的羞耻都是这样的"……当你认真地告诉孩子正确的知识时，孩子自然能从你说的话及你的态度中学会正确地面对身体的变化。

现在请想一想，如果孩子对身体变化产生以下烦恼，你会怎么说？

（1）我脸上好多青春痘，很丑，都不敢和同学对视，好烦啊！我该怎么办？

（2）听说班里很多男生都割过包皮，他们说男生都需要割，我要不要也去割？我该怎么和我爸妈说？

（3）我的乳房开始发育了，但好像大小不一样。我是不是身体出问题了？我该怎么办？

（4）遗精次数多了，会不会影响身体？

（5）我个子有些矮，也不是很强壮，其他男生都很高大，我感觉很自卑，我该怎么办？

（6）我来月经了，每次都很麻烦，我感觉很烦，怎样调节我的想法和情绪？

一个人对自己身体的看法会深刻地影响其自我概念、自我效能感和自尊等各方面。青春期孩子正处于了解自己、形成自我认知和构建自我概念的重要时期。然而，一些家长却习惯用"你胖得像个熊""笨得像猪一样"这类挖苦和讽刺的语言教育孩子。这类语言的伤害是极大的，因为本质上它们与言语霸凌毫无差别。家长对每个孩子来说都是生命中非常重要的人，孩子从出生起就是借由家长的反馈逐渐构建自我认知的。而身体是人生存的基础，如果连家长都经常贬低孩子的身体，那么孩子也很难在其他方面形成积极的自我认知。所以，家长在教导孩子时也需要注意避免用贬损孩子身体的语言攻击孩子。

提示卡片	身体巨变可能带来的困扰	家长可以这样做
	• 全新体验带来的不适。	• 理解孩子的感觉。
	• 错误认识导致的担忧。	• 耐心解答孩子的困扰。
	• 遭遇恶意的言行伤害。	• 留意孩子的在校情绪。
	• 承受挖苦身体的管教。	• 避免言语伤害孩子的身体。

　　青春期是一份生命的礼物，孩子将由此踏上披荆斩棘、独当一面的成年之路。这段艰辛的旅程需要一位耐心的陪伴者，而你就是最佳人选。

　　身体的巨变，就是孩子需要你陪他们一起面对的第一课。

>>> 今日练习 <<<

　　（1）按照自己的理解总结本节要点（要点提示：身体变化的困扰、身体知识）。

　　（2）请想一想，如果注意到孩子有文中提到的困扰，你会说什么、做什么，帮助他们减少困扰。

　　（3）今日练习自我评价——认知进步得分（1 2 3 4 5）、技能习得得分（1 2 3 4 5）、实践应用得分（1 2 3 4 5）。

1.2　性教育：如何与孩子谈性才能不尴尬

要陪孩子上好面对身体变化的第一课，就避不开性教育的话题。

随着全民素养的提升，很多家长都开始重视孩子的性教育。然而，大部分家长自身接受的性教育非常有限，他们并不具备完善的性教育理念与知识，因此也并不清楚应该如何给孩子进行适当的性教育。

你对孩子的性教育了解多少呢？请思考以下问题。

现在请想一想，当听到"性教育"时，你会联想到哪些词语？请写下来，并思考你脑海中适当的性教育应该是怎样的？

到底什么是性教育呢？

不论你有没有意识到，其实你已经或多或少地对孩子进行过性教育了。例如，在孩子上幼儿园时，你会提前告诉孩子，男生和女生要使用不同的厕所；在孩子对身体感到好奇时，你会为孩子讲解男女身体的不同构造；在孩子上小学时，你会向孩子强调不能让别人随意触碰自己的隐私部位；在孩子进入青春期后，你会提醒孩子保护嗓子或爱护身体……这些都属于性教育的范畴。换言之，性教育的内容非常广泛，并非只是关于身体发育的知识。类似的，孩子对异性的好奇与好感、对异性恋与同性恋的困惑、对性别的认可与接纳程度、对性别气质与生理性别的疑问等也都属于性教育的范畴。因此，家长对孩子进行性教育的机会也是一直持续出现的。

青春期孩子的家长怎样识别日常中出现的性教育机会呢？

当你发现孩子和朋友或和你的聊天中出现以下主题时，就说明他们需要性教育了。"我脸上总是长痘痘，怎么办？""男女间有没有单纯的友谊？""暗恋要不要表白？""别人说我娘娘腔/假小子，怎么办？""班里谁喜欢谁，谁早恋被发现了"……出现这类话题意味着孩子可能已经开始关注性教育方面的内容了，你就需要留意他们的好奇或困惑，对他们进行适当的性教育引导。

总之，性教育的内容是很丰富的，性教育的机会也是持续出现的。

现在，请你看一看自己写的联想词是否过于集中或局限。

> **丰富的性教育内容**
>
> **提示卡片**
> - 身体知识（身体构造、身体边界、身体维护等）。
> - 异性关系（自身偏好、相处方式、欣赏特征等）。
> - 性别气质（行为表现、刻板印象、性别认同等）。

当性教育的机会出现时，家长怎样才能抓住机会，恰如其分地进行引导和教育呢？

接下来，我以发生在心理课堂上的一件事为例，来说明如何对青春期孩子进行性教育引导。

在某次心理观影课上，我播放了《头脑特工队》这个有关认识情绪的动画影片。其中有一幕是主人公的父亲在出门工作前吻了一下妻子。当播放到这个片段时，有一个班的学生表现得非常躁动，全班发出"咦""呦"等声音，而且持续了 1 分钟还久久不能平息。我立即意识到，这个班的孩子需要性教育引导了。但是，我并没有长篇大论地介绍相关知识，而是简单地对着全班说："亲吻是大人、小孩都经常用来表达爱意的方式。"说完这句话后不到 5 秒，全班就基本安静下来继续观影了。

以上我使用的方式可以简单称为"介绍基本知识"。这个方法可以简明地让孩子了解到正确的信息与知识，避免孩子因无知而产生偏见，或者因错误的观点而影响自身的发展。类似的，如果孩子最近总和你聊到班里的谁喜欢谁、谁早恋被发现之类的话题，你就可以使用"介绍基本知识"这个方法，直接告诉孩子"每个人到了青春期都可能对异性产生好奇甚至好感"，或者"青春期对异性有好感是很自然的现象"。当你用以上中立的语言告诉孩子这些正确的信息时，孩子就会感受到你对这类话题的包容和中立态度，而这会让他们更愿意继续和你探讨自己的真实想法。

一旦孩子愿意和你深入交流，你就可以采用"深度探讨"的方法，顺势和孩子深入谈论自己对早恋的看法，也可以一起分析早恋可能产生的结果、早恋的利弊。甚至，你还可以和孩子聊一聊自己在青春期的经历，或者自己在成年后观点的变化，等等。这个探讨的过程会给孩子充分思考的机会，让孩子得到的观点是经过自己深思熟虑的，而非别人强加的。这样孩子在做出选择和行动时自然就会更谨慎，更能为自己负责。同时，探讨的过程很可能会衍生出孩子自己的困惑，而在这个深度探讨的过程中，孩子的困惑也就顺势得到了解决。

性教育的方法有很多种。怎样的方法最适用，取决于孩子的情况和家庭的氛围。因此，以上"介绍基本知识"及"深度探讨"的引导方法，家长可以根据自家孩子的情况进行调整。无论家长使用怎样的方法，性教育的最终目的都是帮助孩子在掌握正确信息和知识的基础上形成自我负责的价值观。适当的性教育能够让孩子心悦诚服地接受引导，从而更自主地为自己的行为负责。

让孩子心悦诚服的性教育方式
- 介绍基本知识（正确的信息）。
- 深度探讨（充分思考和价值观碰撞）。

最后，请你任选一组做成卡牌，用盲盒抽卡的形式和孩子聊一聊。

家有男孩	家有女孩
喉结	月经
遗精	乳房
颜值	身材
魅力	魅力

- 对某人有好感，就是喜欢吗？
- 我最喜欢的男明星是？女明星是？原因是？
- 我认为自己的性别有哪些优势？
- 我最希望未来伴侣拥有的三个特质是？
- 被表白了，但不想发展关系，该如何拒绝？
- 作为男生 / 女生，我最喜欢自己的？
- 好感、喜欢、爱的区别是？
- 我认识的人中，最欣赏的同性是？原因是？

饮食男女，人之大欲存焉。性不仅是人类繁衍后代的活动，还是可以给人带来美好关系和积极自我的事物。一味地训诫，只会让性变成恐惧与禁忌，这是让人遗憾的。

>>> 今日练习 <<<

（1）按照自己的理解总结本节要点（要点提示：性教育内容、性教育方法）。

（2）任选文中一组关键词和问题，用抽卡的形式和孩子聊一聊，简单记录过程。

（3）今日练习自我评价——认知进步得分（1 2 3 4 5）、技能习得得分（1 2 3 4 5）、实践应用得分（1 2 3 4 5）。

1.3　大脑变化：孩子不听话，可能真的不怪他

　　婴幼儿需要拥有更强壮的肌肉和更灵活的行动，才能进入儿童期。青春期的孩子进入成年期，同样有很多要求和标准。要成为一个自力更生、独当一面的成年人，需要具备很多能力。例如，能逻辑推理，有理性思考的能力；能调节情绪，有情绪管理的能力；能与人合作，有与人相处的能力；能评估危机，有规避风险、准确决策的能力；能有效表达，有顺畅沟通的能力，等等。只有掌握了这些必备的能力，孩子才算真正渡过青春期，进入能自给自足的成年期。事实上，青春期孩子的大脑也正是按照这些方向为他们设定成长任务的。

　　青春期到来时，孩子大脑中的神经元已经发育成熟，为学习各种知识技能做好了生物学上的准备。同时，大脑会根据成年后需要的各种能力规划孩子在青春期应发展的能力，并将发展这些能力作为优先任务。因此，一旦与这些优先任务相关的事情发生，孩子就能迅速觉察并抓住机会进行学习和磨炼。青春期阶段和孩子刚开始学走路的情景类似。刚开

始学走路的孩子因为神经和肌肉已经率先发育成熟，于是产生了走路的愿望。同样，青春期的孩子已经具备了较强的思考能力，身体状况也逐渐接近成年人，所以他们自然就开始为成年做准备了。

当你发现孩子变得情绪起伏大、开始对朋友格外在意、自我想法越来越多、容易冲动行事时，那就是孩子开始完成大脑设定的成长任务了。具体地说，大脑给青春期的孩子设定了四个方面的成长任务，分别是学习处理强烈的情感体验、在与同伴的社交中找到归属感、自主思考事物、通过新体验感知世界。想要圆满完成这四个任务，孩子将会花很多时间和精力去体验，并学习调节情绪；花很多时间与同伴互动以找到归属感，并形成自我定位；花很多时间学习思考和处理各类问题，并形成自我概念；花很多时间尝试各种新体验，并逐渐走向自主独立。当然，大脑也会自动为这类任务分配大量的精力和认知资源。直到孩子完成这些任务，大脑才会认为孩子已经发育成熟，为下一阶段的成人生活做好了准备。所以，当你难以理解孩子的想法，觉得孩子的行为匪夷所思时，这其实都是很正常的。因为很多时候，孩子也不太清楚自己在做什么，他们更多是按照大脑的设定在行动。下次当你再觉得孩子难以理解或让人生气时，不妨试着从大脑发育的角度宽慰自己。例如，你可以在心里对自己说："不生气，不生气，孩子的脑子还在发育呢。"毕竟，人类的发育与成长要遵循它自己的生物运行法则。

现在请你从大脑设定任务的角度想一想，孩子经常让你感到不满的某类表现可能是在完成什么任务？

提示卡片	大脑设定的青春期优先任务	孩子正在完成任务的表现
	• 学习处理强烈的情感体验。 • 在与同伴的社交中找到归属感。 • 自主思考事物。 • 通过新体验感知世界。	• 情绪变得起伏大。 • 对朋友格外在意。 • 自我想法越来越多。 • 容易冲动行事。

对于这些成长任务，孩子在什么时候才能完成？他们的大脑到什么时候才能发育成熟呢？

答案是他们的思维脑发育成熟的时候。

保罗·麦克莱恩（Paul MacLean）认为，人的大脑按照进化程度的远近可以分成三个区域：本能脑、情感脑和思维脑。人的思维脑在 25～30 岁才能发育成熟，它的成熟度决定了人的理性程度和思考能力。此外，思维脑也是青春期孩子在努力学习如何使用的脑区。

然而，孩子的思维脑能否顺利激活并得到锻炼，完全取决于其情感脑的运行情况。情感脑是负责感受情绪并根据感受做出判断的脑区，它比思维脑形成得早，但比本能脑形成得晚。当孩子产生情绪感受时，如果情感脑判定当前情景对

孩子不构成威胁，孩子在情感上是安全的，那么孩子的思维
脑就会顺畅激活。激活后的思维脑会引导孩子全心全意地调
动潜能，进入学习和思考的状态。相反，如果情感脑判定孩
子在当前感到不安、担忧、恐惧、紧张，那么接下来被激活
的将是本能脑。本能脑是最原始的脑区，不具备思维能力，
它的作用只是确保我们的人身安全，具体表现为战斗（对
抗）、逃跑（回避）、呆住（懵圈）三种反应模式。如果你发
现孩子表现出抵抗敌对、回避退缩或发呆神游的状态，那就
意味着孩子的本能脑已被激活。本能脑的激活只说明一点：
此时孩子的情绪感受并不安全。只有当孩子感到安全时，他
们的思维脑才会自动激活。

提示卡片	大脑不同区域的作用	不同脑区的特点
	• 思维脑：负责理性思考。 • 情感脑：负责感受情绪，做出判断。 • 本能脑：负责人身安全。	• 思维脑：情绪感受安全时才会激活。 • 情感脑：对情绪感受很敏感。 • 本能脑：不安时会激活，且只有对抗、回避、懵圈的模式。

　　不幸的是，青春期的孩子对情感变化很敏感，但又缺乏
相应的调节能力。所以，当遇到负面的情感体验时，他们经
常最先启动的是本能脑，而不是思维脑。也就是说，青少年
的行动经常是原始本能，而非深思熟虑的结果。同时，因为
情感脑中的海马体具有强大的记忆功能，所以可能导致青少

年在面对负面情绪时总是采取本能行动，并形成固定记忆。最后，他们还会误将这种本能行动等同于负面情绪，逐渐形成"某种负面情绪必定引发某类不理智行动"的恶性习惯。例如，一个孩子因数学成绩不佳而频繁受到批评，逐渐对数学失去信心，甚至产生厌恶感。最后，他索性在上数学课时睡觉，也不再交数学作业。这个过程就是海马体形成负面记忆，进而导致恶性习惯的体现。在有关数学的情景中，孩子的情感脑总是体会到负面感受，因此触发了逃跑（回避、退缩、消极对待）的本能反应。长此以往，海马体就记住了这个模式，逐渐把"对数学没信心"的负面感受和"回避数学"的行为划上等号，最后导致"只要与数学有关，就消极对待"的恶性习惯。然而，实际上数学本身是中性的，真正让孩子回避数学的是他们长期在数学情景中体会到的负面感受，以及固化的"厌恶数学—回避数学"的习惯模式。

现在请你想一想，孩子在哪些情景中可能是因为长期体验到负面感受而形成了恶性的习惯模式？

提示卡片	大脑海马体 • 记忆功能强大。 • 容易固化行为模式。	提醒 　警惕形成"负面情绪—不良应对"的模式。

青春期是生命中的新阶段，孩子的大脑也进入了新状态。体验和学习调节情绪是他们正在努力练习的成长任务。无论是由情感脑占主导引起的不理智行动，还是因为孩子调节情绪的能力较弱导致的冲动行为，都意味着孩子的大脑尚未成熟，这一点是家长需要承认和接受的现实。了解大脑发育的知识并不会让家长陷入沮丧，反而能促进家长采用更有效的策略对待孩子。因为只有客观、准确地把握现实情况，家长才能更好地应对沟通和养育中的实际问题。

现在请你从青春期孩子最敏感的情绪脑着手了解孩子，观察并回答以下问题：孩子在……情况下容易（焦虑、愤怒、恐慌、沮丧等），感到（愤怒、悲伤、兴奋、内疚、失望等）时，他通常有怎样的表现？哪些情绪是他能自行调节的？哪些情绪的调节，他还在学习中？

最后，有意识地护理大脑对孩子的大脑健康也很有帮助。

首先，确保孩子睡眠充足是非常有必要的。睡眠不足除了会导致精神欠缺、困倦，还会导致易怒、注意力不集中等不良表现，这些都会影响孩子思维脑的激活和运行。此外，大多数青少年都有夜晚沉思的习惯，而这些思考往往是偏向负面的，因此你可以通过定期和孩子谈心来减少他们深夜沉思的频率。这样不仅能避免负性事件在他们内心积压，还能促进他们按时睡眠。

其次，引导孩子及时宣泄压力是很重要的。压力事件会增加大脑中皮质醇的分泌，皮质醇长期较高则会损坏免疫系统。而及时宣泄压力能减缓皮质醇的分泌，维护免疫系统。

最后，你还可以引导孩子用积极的眼光看待压力事件。这会促进孩子养成积极的心态，加强心理韧性，从而降低焦虑。

提示卡片	大脑喜欢的护理	不护理的危害
	• 睡眠充足。 • 减少深夜沉思。 • 及时减压。	• 精神欠缺、易怒、注意力不集中等。 • 负性情感积压。 • 焦虑、免疫系统变弱。

总之，青春期孩子的大脑有一套自己的运行法则，你能做的就是利用好这些法则，然后四两拨千斤，将强大的生长力引导到孩子的思维脑上。

知其然，知其所以然，才能把握事物的本质。养育孩子也一样，家长更了解青春期的孩子，才能更从容地养育他们。

>>> 今日练习 <<<

（1）按照自己的理解总结本节要点（要点提示：大脑特点、大脑保健）。

（2）思考并回答文中的问题。

（3）今日练习自我评价——认知进步得分（1 2 3 4 5）、技能习得得分（1 2 3 4 5）、实践应用得分（1 2 3 4 5）。

1.4 心理变化：孩子必须赢得这场"独立运动"

有人将青春期比作"黑箱"，这个类比实在是再贴切不过了。"黑箱"时期的孩子不仅内部未知，而且不稳定。每当家长的互动沟通方式和它不匹配时，他们就会用各种"气人"的方式让你知道——打开方式不对！

这段"黑箱"时期的孩子到底在干什么呢？其实，他们正在努力完成心理学家爱利克·埃里克森（Erik H.Erikson）所说的"自我同一性"这个心理任务。简单地说，这个任务就是孩子要通过对自己性格、身体、社会关系、能力和观念等各方面的观察，思考和确认"我是谁、我想成为什么样的人、我选择专注于什么、我要过怎样的生活"这些问题。直到形成比较稳固的自我概念时，孩子的这段"黑箱"时期也就基本结束了。所以，"黑箱"时期其实是孩子正在确定自己的形状。

在这个阶段，你会发现，无论是在人际关系、价值观，还是在观念、行为等方面，孩子都非常容易变化。其实，这是因为他们正在重塑自己。例如，在这个阶段，孩子要通过学业过程确定自己的学习能力、兴趣和职业发展方向；要通过与同性或异性朋友的相处确定自己的交友价值观、形成交往技能、学会建立亲密关系；要通过反思自身经历或观察别人思考为自己负责的生活方式，培养独立生活的能力，形成自己的人生观，等等。虽然孩子在儿童期也有各种各样学习和交友的经历，也形成了一些自己的观念，但那时候的他们更像是"被构建"的。儿童期的孩子还没有足够的自我意识和思辨能力，因此他们在各方面的认识更多是直接接受成年人的教育形成的，很多冲突的观念和想法都暂时被搁置。而进入青春期后，孩子的经验不仅来自家庭、学校，还来自社会、媒体等渠道。他们的见识飞速增长，同时大脑的逐渐成熟也使他们具备了更强的逻辑思维和思辨能力。因此，他们对事物的认识不再只满足于被动接受，就像一个人有了丰富的经历后自然会对人和事产生新的思考和理解。经常听到青春期孩子的家长说"孩子长大了，翅膀硬了"，其实这也说明青春期孩子已经对事物有了自己的思考，不再只是被动地接受家长的观点。如果你也感觉自家孩子"翅膀硬了"，或者发现孩子经常和你的意见相左，那么恭喜你，说明你的家庭氛围允许孩子自我表达，而不是压抑的。所以，孩子才敢表现出"翅膀硬了"，才敢表达自己的想法。

提示卡片	心理任务——自我同一性 • 孩子观察和反思自己的各方面。 • 孩子确认稳固的自我概念。	涉及方面 　学习素养、交友价值观、职业发展方向、人生观、社交技能、生活方式、独立生活的能力、建立亲密关系的能力、兴趣……

所以，青春期这段不稳定的"黑箱"时期，其实是孩子在更深刻地了解和发展自己。他们只有顺利度过这个时期，才能真正长出离开父母也能翱翔的强壮翅膀。你在亲子关系中感受到的强烈摩擦并不是孩子在刻意反抗谁，而是生命自然发展阶段的表现。这一切都是孩子为自己将来的自力更生所做的试炼。因此，作为家长，你要做的就是守护这股成长的力量，帮助孩子顺利将其转化成独当一面的能力。如果你能将叛逆期重新解读为"孩子独立开疆拓土的关键期"，那么你就更有能力让这股力量转化成孩子前行的能力和资源。

现在请想一想，你和孩子之间冲突频繁吗？怎样解释这些冲突能更有建设性地帮助孩子形成能力？

而且，青春期孩子必须赢得这场"独立运动"，否则他们会出现自我同一性早闭、扩散、延缓的各种问题。

你在生活中或许会发现这样的现象：一些人似乎过分在意别人的赞同，似乎只有得到别人的赞同才会感觉到自己的价值；有一些人在进入竞争更激烈的环境后不能接受自己的普通，也不能主动后退，最终因无法应对压力而做出自伤甚至自杀的行为；还有一些人到了三四十岁依旧迷茫，或者人到中年突然放飞自我。其实，这都是因为他们一直活在别人的评价体系中，没有充分自我探索，最后导致自我同一性早闭的结果。自我同一性早闭的孩子往往过早受到家长、老师等人的全方位管控和安排。这类孩子中有一些暂时看来成绩和各方面表现不错，但实际上他们始终生活在父母的羽翼下，没有独自翱翔的能力。直到家长、老师们的羽翼消失时，这类孩子才会惊觉自己没有翱翔的能力。他们已经习惯把别人给定的目标、价值观当作前进的动力，所以往往没有主见，应变能力较差，做事的自发意愿和主动性也比较低。

当你发现一个孩子对自己的未来毫无规划，生活也显得浑浑噩噩时，那么他大概率是出现了自我同一性扩散的问题。家长的教养方式不合理、亲子关系失调等都可能导致自我同一性扩散。自我同一性扩散的孩子的内心通常处于混乱的状态，他们无法做出选择，也不知道自己想做什么。他们不会思考自己未来的发展方向，也对未来漠不关心，缺乏应有的危机感。通常，缺乏热情、糊里糊涂、犹豫不决是这类孩子的生活常态。

自我同一性延缓的孩子相比前两种就好很多。这类孩子能够主动进行自我探索，积极寻找有利于自身发展的各种可能性进行尝试。他们只是一直处在不确定的变动中，迟迟没有决定一个明确的发展方向而已。这类孩子形成自我同一性的时间延长了，但一般最终也能确定自我，完成形成自我同一性这个心理任务。

现在请想一想，你在青春期探索自我同一性时是怎样的过程？那时的你希望父母给你提供怎样的帮助？这对你当下的养育有什么启示？

提示卡片	自我同一性问题	问题表现
	• 早闭：过早受到全方位的管控和安排，未形成自驱力。 • 扩散：由于家长的教养方式不合理、亲子关系失调等原因，没有形成自我概念。 • 延缓：形成自我概念的速度慢，但能主动自我探索。	• 过分在意他人赞同；不能接受自己普通，导致自伤甚至自杀；中年迷茫或放飞自我。 • 内心混乱，无法做出选择，对未来没有危机感、漠不关心。 • 能主动寻找有利于自身发展的可能，只是一直处在变动中，迟迟没有决定较确定的发展方向。

很多孩子的自我同一性形成过程会持续到大学毕业，甚至持续到工作初期（基本与思维脑发育成熟的年龄一致）。有些人在步入人生新阶段后会放弃原有的自我同一性，进而形成新的自我同一性，这都是正常的心理发展过程。但是，也

有很多人对"我是谁""我要成为什么样的人""我要做什么工作，会专注于什么""我要过一种怎样的生活"这些问题从来都没有相对清晰的答案，他们自始至终都活在外部设定的标准和驱动下，一辈子都没有活出过真正的自我。

总之，青春期孩子的内心正经历巨大的变革，他们正努力穿过变革形成真正能独当一面的自己，而每一次变革其实都是家长给他们提供成长养分的大好时机。

>>> 今日练习 <<<

（1）按照自己的理解总结本节要点（要点提示：自我同一性）。

（2）思考并回答文中的问题。

（3）请你回想自己的青春期，自己做过哪些不愿意让父母知道的探索，自己曾遇到过什么困难？谁帮助了自己，他说了什么或做了什么，帮助自己顺利克服了困难吗？你能从这段经历中获得什么启发？

（4）今日练习自我评价——认知进步得分（1 2 3 4 5）、技能习得得分（1 2 3 4 5）、实践应用得分（1 2 3 4 5）。

1.5　自伤成瘾行为：内心千疮百孔孩子的无声求救

　　如果孩子进入青春期后时常和周围的人在观点上产生碰撞或摩擦，请你不要过于烦恼或失望。因为这至少意味着孩子能用"搞事情"的方式引起周围的关注，主动寻找能滋养和引领自己成长的人。

　　虽然"搞事情"的孩子会表现出各类问题行为，但这也说明他们有强烈的成长欲望和精神力量，并且能想办法吸引可以利用的资源和养分（虽然这样的方法比较低效）。相反，如果孩子进入青春期后变得比之前更安静、更封闭，那么家长就需要格外留心了。因为孩子的安静、不惹事通常会让家长误以为他们已经长大懂事了。但实际上，很多孩子只是表面看起来风平浪静，内心却无时无刻不处于煎熬中。尤其是一些性格比较被动的孩子，他们不善于用语言表达需求，习惯用过度反省的方式面对困难。然而，由于阅历不足及思维不成熟，他们的思考往往不够客观，容易沉溺于偏执的结论。对于这类孩子，家长往往是在突然发现孩子形成了网络成瘾、自伤或厌学等问题时，才会意识到原来孩子早已遇到困难。但遗憾的是，这时孩子的内心早已千疮百孔、满目疮痍。

对于青春期孩子成瘾、自伤的行为，无论是为了预防，还是为了补救，家长都应该了解一些基本知识，才能在需要时真正有效地帮助孩子。

现在请你先做一个简单的头脑风暴。过度饮酒有害身心健康，这是人尽皆知的事实。请你思考，一个长期酗酒的人可以从酗酒中获得什么好处？导致他酗酒的原因可能有哪些？

以下是线下讲座中，家长们写出的答案。

从酗酒中可能获得的好处	酗酒的原因
• 可以暂时逃避现实。 • 可以作为自己失败的借口。 • 可以融入一些社交圈。 • 可以壮胆。 • 酒量大的人可以品尝各类酒。 • 可能激发创造力。	• 可能是因为遭遇重大变故，难以承受。 • 可能没有其他宣泄方式。 • 可能生活或工作的压力非常大。 • 可能他是依靠酒精才能产生灵感的艺术家。 • 可能曾经酒精成瘾，最近又复发了。 • 可能一开始高估了自己的自制力，后来逐渐难以摆脱。 • 可能是身边社交圈的不良氛围导致的。

你仔细看后会发现，其中一些原因或好处确实有其合理之处。毋庸置疑，当一个人遭遇重大挫折、经历巨大痛苦时，即使酗酒这类方法是消极且不健康的，但它也确实能起到让

人暂时逃避痛苦的作用。因此，对于身处痛苦中的人而言，酗酒更像一种用来暂缓痛苦的替代选择。青春期孩子的成瘾和自伤行为也是如此。无论成年人，还是孩子，没有人希望自己总是陷入困境，每个人都希望自己的状态越来越好。如果一个孩子选择退缩、回避，甚至采用对自己有害的方式生活，就说明他可能已经对当前的痛苦无计可施了，所以选择这类短视的方法缓解痛苦。因此，成瘾、自伤这类行为可以看成处于痛苦中的孩子在没有其他出路时硬生生走出来的一条路。

现在请你再做一个头脑风暴，想一想孩子选择网络游戏成瘾、自伤这些不利于自己的方式缓解痛苦的原因。

以下是线下讲座中，家长们写出的答案。

①引起他人关注，寻求关心、安慰、帮助。

②情绪失控，不能理智思考，所以使用不当的方法发泄。

③已经试过其他方法，并未解决，所以用这类方法逃避、自暴自弃。

④未得到家人、周围人的关怀和理解，不会用适当的方法解压。

⑤可以在游戏、网络中交到更多朋友。

⑥在游戏、网络中可以体会到新鲜感，游戏中的人物和设定让人感觉有趣。

⑦在游戏、网络中可以体会精神上的满足，这种满足在现实中很难得到。

⑧可能受到了家庭变故或学业的压力，网络游戏能让他获得成就感、满足感。

⑨在游戏、网络中逃避现实的学习压力。

⑩自身性格内向，导致没有朋友，无处倾诉。

⑪缺乏辨别能力的跟风行为。

⑫闲暇时间太多，花在网络上的时间过多，最终导致成瘾。

⑬自控力弱，无法自拔。

⑭缺乏社交技能或有社交困难，因没有朋友而感到压抑。

⑮对父母的严苛控制表达反抗。

你能写出的理由越多，说明你越能设身处地，站在具有成瘾、自伤等行为的孩子的角度，理解他们的困境与痛苦。

如果你发现孩子成瘾、自伤的原因与①④⑩三条有关，说明孩子周围缺乏支持性的人际关系。这类孩子遇到心理困境时能获得的情感支持非常有限，周围没有人能引导和帮助他们，所以陷入成瘾、自伤的行为中。这类孩子需要你给他们更多的关注、关爱，才能让他们在遇到困难时有人可找、愿意找人。

如果孩子的成瘾、自伤行为与②③⑨⑪⑬⑭这几条有关，说明孩子缺乏一些基本能力，如社交、管理时间、调节情绪、思辨等。这类孩子只需要专门提升相应的能力，就可以走出困境了。

如果导致孩子成瘾、自伤的原因与⑤⑥⑦⑧⑫这几条有关，说明孩子在现实生活中没有收获自我肯定和自我价值感，他们的精神世界相对匮乏，因此沉溺于虚拟世界中。对于这类孩子，你可以引导他们学习一些新技能，如掌握一些乐器、手工等，让他们在现实中体会到更多的成就感和满足感；你也可以顺势引导他们学习编程类的系统知识，帮助他们把虚拟世界中获得的精神满足逐渐转移到现实活动中，这样他们就能逐渐走出困境了。

最后一条提到的原因是很多家庭容易忽略的。由于这条原因导致成瘾、自伤的孩子，接受的家庭教育通常都很严苛。在这类家庭中，家长很少允许孩子有独处的空间，还习惯把时间、精力、金钱大量投注在孩子身上，并经常把牺牲、付出挂在嘴边以要求孩子听从自己的安排。这类孩子在家中往往是非常压抑和痛苦的，他们的内心同时充斥着的无助、愤怒、内疚等复杂情感，却常常无处宣泄，无处释放，因此只能用隐形的以暴制暴（伤害自己的身体）争取最后的自我掌控感，或用深陷网络的方式重获对时间及注意力的掌控。这类成瘾、自伤的孩子需要接受专业人员的帮助。同时，他们的家长也需要接受专业人员的指导，学习正确的教养方法。通常只有家长的焦虑、控制欲降低后，这类孩子的状态才会大有好转。

提示卡片

> **孩子成瘾、自伤的原因及应对方法**
> - 缺乏支持关系：给予孩子更多的关注、关爱，让他们在有困难时能找你、愿意找你。
> - 缺乏技能：让孩子学习社交技能，提升管理时间、调节情绪等能力。
> - 精神世界匮乏：引导孩子学习新技能，让他们在现实中体会到更多成就感和满足感。
> - 父母严格管控，家庭氛围压抑：孩子与家长一起接受专业的帮助。

　　如果你发现孩子有自伤的行为，首先，最重要的是不要否定孩子这样做的原因。经常有家长认为，"小孩能有什么过不去的事"，或者认为"孩子痛苦的事根本不值得寻死觅活"。实际上，这类想法忽略了"每个人对痛苦的理解和感受都不同"的事实。选择自伤缓解痛苦的孩子一定有他不得已而为之的原因。即使家长一时难以接受孩子自伤的行为，也不要否认孩子这样做的理由。否认只会让孩子感到更加失望和孤立无援。

　　其次，家长不要用责备和质疑的语言加剧孩子的内心痛苦。"你怎么这么不懂事？""你这样做对得起我们吗？""你怎么这么脆弱？"这类责备、贬低和轻视的语言不仅会加重孩子的负面情绪，还可能加重孩子的自伤行为。除了注意自身的态度和语言，你还需要带孩子及时求助专业人员进行诊疗（三甲医院都设有精神类科室，有些医院直接叫精神科，有些医院叫心身科，还有些医院设立了专门的青少年精神类科室）。专业人员会根据孩子的情况，用药物治疗、物理治疗、个体心理治疗、团体心理治疗或组合治疗的方式帮助孩子稳定病情，逐渐走出困境。

提示卡片

就诊注意事项
- 住院：脱离旧环境，有利于病情稳定；可能会服药、物理治疗、心理咨询等多管齐下；病情稳定，出院后需谨遵医嘱服药并按时复查。
- 不住院：药物两周左右起效，不可擅自停药；药物起效后关注服药反应，及时报告医生进行药量调整；好转后遵医嘱逐渐停药。

总之，帮助不同类别的孩子有不同的方法和思路，但只要你愿意走近孩子、理解孩子，你就能更及时有效地给他们提供适合的帮助。

现在请你想一想，以前自己在青春期孩子成瘾、自伤方面有哪些认识的误区。

成瘾、自伤不是不良行为，而是一个绝望灵魂的无声呐喊。

身体受伤需要及时就医，心理受伤也是如此。这是每个人都应该具有的基本认识。

>>> **今日练习** <<<

（1）按照自己的理解总结本节要点，思考并回答文中的问题（要点提示：成瘾、自伤行为背后的意义）。

（2）请你了解一下自家附近哪些医院有精神类科室？写出这些医院的名字。

（3）今日练习自我评价——认知进步得分（1 2 3 4 5）、技能习得得分（1 2 3 4 5）、实践应用得分（1 2 3 4 5）。

第 2 章

家长情绪中藏着孩子的未来

——情绪管理新习惯 21 天练习

如果你和孩子的沟通常常收效甚微或总是针锋相对，那么大概率是因为你忽视了自己或孩子的情绪。每个人都在用自己习惯的方式感知和表达情绪，多数人并不习惯直接说出自己的感受和需求，而是通过情绪展现自己的需要。但是，这样通常会掩藏或扭曲真正的信息，给亲子沟通增加难度。准确洞悉情绪蕴含的深意是有效沟通的前提。如果你能将情绪觉察作为亲子沟通的一部分，那么你对孩子的教育则会更有效，孩子也会对你更加敞开心扉。

通过 21 天的情绪练习，你将对自己的情绪有更深刻的理解。同时，你还将具备分析情绪的能力。准确分析情绪能帮助你快速洞悉亲子沟通中情绪的真正含义。而且，你在练习中还有机会尝试新的情绪调节策略。总之，21 天后，你将会形成一套与自己性格高度适配的情绪掌控体系，并养成情绪管理新习惯。在此过程中，你也将不知不觉地掌握和青春期孩子相处的情绪管理秘诀。

亲子沟通的过程很容易被情绪扰动，以至于偏离初衷。而不卷入情绪的旋涡，不被情绪支配，是家长与孩子顺畅沟通、陪孩子安稳渡过青春期的前提。

2.1　找到情绪靶心：你的哪些情绪在破坏养育

今天开始练习之前，我要先为你介绍一个有关大脑的科学发现。

早些年，很多人都以为，成年人的大脑已经"定型"，所以成年人各方面都很难有较大的改变。但研究发现，成年人的大脑其实并没有停止生长。每当你想要改变旧习惯或进行新尝试时，你的大脑内就会形成新的神经元。如果你多次重复新习惯和新行为，你大脑内对应的新神经元就会越来越强壮。同时，旧神经元会因为使用次数减少而慢慢衰退。最后，你大脑内形成了一条新的神经回路，新行为顶替旧行为成了你的新习惯。因此，也请你相信自己，此后 21 天的持续重复练习会让你形成新的情绪管理习惯，你对情绪的新体悟也会滋养你和孩子之间的亲子关系。

> **提示卡片**
>
> **大脑的知识**
> - 成年人的大脑依然在生长。
> - 新尝试会形成新神经元，重复新尝试会形成新习惯。

很多人经常因情绪产生困扰，却对困扰自身的情绪一无所知。想要管理情绪，首先应对要管理的情绪知根知底。并不是所有负面情绪都需要专门学习调节方法，只有那些重复出现、对你的养育或生活有消极影响并总让你感到束手无策的情绪，才需要你额外的关注和努力。因此，准确找到干扰情绪是解决情绪困扰的前提。

找到情绪靶心

现在，请你根据以下标准，找出不利于自己养育或生活的情绪。

- 每次这种情绪过后，你都会后悔、自责，认为自己当时不该那样做、那样说。但是，类似情景出现时，你又忍不住做同样的事、说同样的话。
- 某种情绪经常会引发你的精神内耗，消耗你大量的时间，让你无法集中注意力，或让你难以做出真正对自己最有利的决策。
- 某种情绪经常会出现在你实现目标的过程中，时常会干扰、妨碍你达成目标或实现愿望。

- 某种情绪经常会给你的沟通（如亲子沟通、夫妻沟通、同事沟通等）带来负面影响，导致你们双方难以理解彼此，不欢而散，甚至影响你的人际关系。

- 某种情绪经常会突然不自觉地涌上你的心头并持续蔓延，让你陷入负面思考或联想，并时不时地影响你的心情。

提示卡片

常见情绪词

生气、担忧、着急、失望、沮丧、惊慌、无助、无奈、伤心、愤怒、不屑、焦躁、厌恶、鄙视、羞愧、懊恼、后悔、自责、郁闷、崩溃、空虚、震惊、紧张、忧虑、犹豫、不安、无聊、尴尬、内疚……

现在请你根据以上标准，用你知道的情绪词、感受词将不利于你养育或生活的情绪描述出来。如果暂时没有能准确描绘你情绪感受的词语，你可以用自己的话把它描述出来。例如，"每次看到孩子拿手机时，我感觉血液一下就全涌上头顶了，全身每个细胞都很烦躁""每次疲惫时看到家里乱糟糟的，我就会感觉到无名的怒火，愤怒又无助"。

准确找出不利情绪是掌控情绪、形成情绪管理新习惯的第一步，就像狙击手需要先准确看到靶心才能更好地射击一样。请好好思考一下，哪些情绪感受在不断干扰你的养育过程或生活，找出你想瞄准的情绪靶心。有了设定的情绪靶心，后续练习才能更有针对性地解决你的困扰，帮助你形成最适配的情绪掌控体系和情绪管理新习惯。

今日练习

（1）按照自己的理解总结本节要点（要点提示：生长的大脑、无效情绪）。

（2）根据五条标准，找出影响自己养育或生活的不利情绪。

（3）设定每天学习的时间区间，并设定提醒自己的方式。

（4）今日练习自我评价——认知进步得分（1 2 3 4 5）、技能习得得分（1 2 3 4 5）、实践应用得分（1 2 3 4 5）。

2.2　认识靶心情绪：破坏性情绪背后的潜台词

优秀的狙击手知道，想要百发百中，必须知己知彼。同样，想要更自如地掌控情绪，充分了解它们是必不可少的前提。

你对自己的情绪了解多少呢？

现在，请评估你对下面三个情绪观点的认可度，用数字 1 ~ 5 表示。1 代表非常不赞同，5 代表非常赞同。

- 焦虑、抑郁、恐惧、无聊等负面情绪都该被消除，最好永远不要出现。
- 性格决定了一个人正面情绪和负面情绪的比例。
- 抑郁、恐惧、愤怒等负面情绪有百害无一利。

上述三个观点是否正确呢？负面情绪和性格的关联有多大呢？负面情绪全被消除，人生就变好了吗？负面情绪可以被全部消除吗？你可能也感到疑惑的这些问题，今天的内容会为你一一解答。

其实，情绪对人的作用和意义，比大多数人意识到的要多得多。

一方面，情绪对人的生存至关重要，它无时无刻不在帮助我们警惕着环境中的不利因素。在原始时代，人的生存时刻受到各方面的威胁，最具有威胁的情景就包含突然出现的猛兽。而情绪反应会利用本能让我们在瞬间准备好对策，帮助我们生存下来。试想一下，你在野外突然看到一头野兽朝自己走来，你是不是立即拔腿就跑，而不会先想"我现在很恐惧，所以我要跑"。一看到野兽就不假思索地跑，就是情绪在直接帮助我们做决策。这也是情绪最原始、最根本的意义——在危机情景中促发人直接行动以求生存。因为关乎人的基本生存，所以情绪在进化中仍然被保留下来。虽然现代生活中的生存威胁不及原始时代那样频繁，城市中也很少发生危及生命的威胁，但我们的本能脑依然在恪尽职守地工作，情绪也依然保持着随时启动的状态，就是在提醒我们警惕那些不利于生活的因素。因此，如果你的权益受到损失，或者你被不公平对待，或者你的孩子受到伤害时，你的愤怒情绪就会自然出现，促使你采取行动捍卫自己的权益，保护自己和家人；当你失去了重要的物品，或者重要的人离你而去时，你的悲伤情绪就会出现，提醒你这些人或物对你的重要性，教会你学着珍惜；当你对孩子或自己的未来毫无把握、失去掌控感时，你的焦虑情绪就会出现，催促你采取更多行动和措施重获掌控；当你渴望感受新体验，但又不知如何获得时，无聊则会找到你，提醒你需要加入新活动，得到新的体验。总之，情绪无时无刻不在反映你当前的状态和欲求，所有负面情绪都只是在提醒你，你对自己目前的状态并不满意，你需要采取行动了！而当你的内在欲求和外在条件得到调和，欲求被满足或危急情景被解除时，负面情绪也就随之消散了。所以，与其说是负面情绪让你陷入负面感觉，不如说是负面情绪反映了你内在的失序状态。

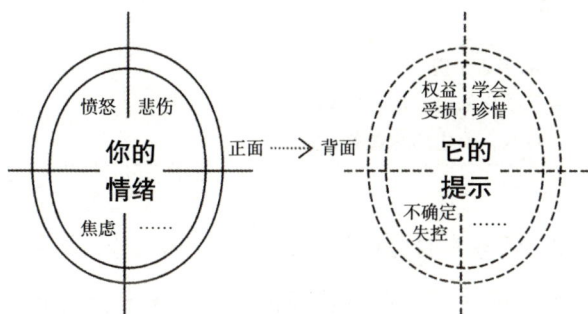

愤怒　悲伤

你的情绪

焦虑

正面 ----> 背面

权益受损｜学会珍惜

它的提示

不确定失控

认识靶心情绪

　　因此，情绪只是一个灵敏的提示器，负面情绪不需要摆脱，也不能被摆脱，而是需要被理解、被看见。真正理解了负面情绪背后的警示，你才能重新拿回掌控情绪的主动权。

　　另一方面，情绪可以帮助你辨别对话中的真正含义。人的生存离不开相互沟通和交流。当人们相互交谈时，言语的影响力只有 7%，表情、语调、肢体动作的影响力却有 90%。这是因为语言可以说谎，但人的情绪感受是很难被掩藏的，一个人真正的意图和想法经常会偷偷地从其表情和动作中流露出来。所以，当你发现一个人所说的内容与其情绪、表情不一致时，你会不自觉地怀疑他说的内容。同样，在亲子沟通中，即使你极力掩饰或压抑怒火，用看似"平和、耐心"的语言教导孩子，孩子仍然能敏锐地捕捉到你的愤怒情绪。原因正如前文提到的，语言可以被修饰，但情绪往往是非常本能、难以被掩饰的。

提示卡片

你的情绪作用
- 反映你的内在状态及欲求。
- 反映言语之外的真实信息。

因此，情绪本身是中性的，并无好坏之分，如果你能充分认识和理解它，你将会发现很多以前未曾留意到的重要信息。

现在请思考，第一天练习时你写下的负面情绪在向你传递怎样的信息？有哪些是你以前没意识到的意义？

不难发现，生活中有些人容易产生情绪，而有些人的情绪起伏却很小，你可能会因此产生一些疑问或困惑。

其实，一个人是否容易产生情绪或受情绪影响，和他的情绪调节能力有关。人的情绪调节能力是由很多因素决定的。

例如，人生来不同，与生俱来的生理因素注定了一些人天生就对情绪的敏感度更高，情绪敏感度更高的人不论对积极体验还是消极体验都更敏锐。如果你善于学习，掌握了较多的情绪调节技巧，那么你对调节工具的可选性就更多，也就更能掌控情绪。如果你长期身处情绪付出较多或情绪超负荷的行业，那么自然更容易因为过多的情绪付出而感到疲惫。此外，重大的负性事件往往会加强人对某些特定情绪的消极体验。如果你经历过重大的负性事件，那么你可能会对某些特定的负面情绪感觉很艰难。所以，导致情绪调节困难的原因其实是多种多样的，而直接认定性格决定情绪是非常武断的。

现在请想一想，可能是哪些因素影响了你的情绪调节能力？

提示卡片

影响你情绪调节能力的因素
· 与生俱来的生理情况。
· 情绪调节技巧的掌握数量。
· 外在环境要求的情绪付出量。
· 过往的重大经历。
······

清楚地知道造成自己情绪调节困难的原因，就能更有针对性地预防它！

>>> **今日练习** <<<

（1）按照自己的理解总结本节要点（要点提示：情绪的提示、调节情绪的困难），并记录今日练习的具体时间。

（2）仔细分辨是什么原因阻碍了你掌控情绪。

（3）今日练习自我评价——认知进步得分（1 2 3 4 5）、技能习得得分（1 2 3 4 5）、实践应用得分（1 2 3 4 5）。

2.3　识别情绪类型：你的情绪驾驭力到底怎么样

父母是孩子的第一任老师，父母的言行也是孩子举止的示范。亲子沟通的过程很容易被情绪干扰。要想和孩子的沟通更有效、更顺畅，了解自己和孩子的情绪秉性至关重要。

一个人除非经过刻意的学习和练习，否则他的情绪管理习惯很大程度是由其父母的元情绪类型塑造的。所以，你的元情绪类型也正在决定着你和孩子的情绪表现。

约翰·戈特曼（John Gottman）教授提出的"父母元情绪"指的是当孩子有情绪时，父母对于"孩子有情绪了"这件事的情绪反应和处理。父母的情绪反应和处理会深刻影响孩子调节情绪的能力。从本质上说，"父母元情绪"是家长的一种情绪能力，只有家长自己能适当地表达情绪，对情绪进行合理的归因，有效地调节情绪，孩子才能在与家长的互动相处中学会情绪管理。

你的元情绪类型是怎样的呢？

父母元情绪类型分为四种，分别是情绪教导型、情绪摒除型、情绪紊乱型、情绪不干涉型。

识别情绪类型

情绪教导型家长的情绪能力比较强。当家长自身或孩子出现情绪时，情绪教导型家长基本都能敏锐地发现自己或孩子的情绪变化，而且能适当地把感受叙述出来。例如，这类家长可以清楚地说出"这会儿我有点失望，还有点生气""看起来你有点沮丧"等叙述情绪的语言。这类家长不仅能协助孩子把不舒服的感受用语言表达出来，还能通过询问、探讨等方式帮助孩子找到化解情绪的策略。例如，当孩子有情绪时，这类家长可能会对孩子说"要我陪你一起想办法吗""我们试试这样吧"等话语，这些话语能避免孩子长期持续地处于不舒服的情绪中。总之，情绪教导型家长的情绪管理习惯比较完善。而且，这类家长在亲子沟通中也比较游刃有余，既能客观看待问题，也能有效协助孩子解决问题。所以，孩子也能从父母对待情绪的态度和方法上学习管理情绪的办法，养成良好的情绪管理习惯。

情绪摒除型家长能有效地反馈孩子的感受，也能让孩子知道不舒服的感觉所对应的情绪。但是，这类家长对负面情绪的认识有些片面，也导致孩子无法全面客观地理解自己的情绪。这类家长通常认为负面情绪不重要，没有意义。所以，他们有感到不舒服的情绪时，总希望快点甩掉这些情绪。同样，他们也希望孩子能忽略所有的负面情绪，经常只会让孩子用转移注意力、别去想等方式忽略和压抑负面情绪。例如，他们经常会对孩子说"这有什么好生气的 / 伤心的""想点开心的""别胡思乱想，你就是想太多了"等。这类家长的情绪应对策略比较单一，所以孩子并没有从他们的示范中学会多元的情绪策略，就会经常被情绪压抑、不会表达情绪、不会宣泄情绪等问题困扰。在亲子沟通中，这类家长也总是过于理性，常常忽略孩子对情感安抚或鼓励的需要。亲子沟通的效果也经常因为家长不理解孩子的内心需求而收益甚微。

　　情绪紊乱型家长在调节情绪方面有很大的困难，他们自己就经常会被莫名的愤怒、烦躁影响，和孩子的沟通也经常针锋相对、矛盾重重，所以谈不上协助孩子管理情绪。这类家长没有形成情绪掌控的方法体系，经常会直接用消极行动，如抱怨、摔东西、胡思乱想等方式表达情绪。因为这类家长没有给孩子有效地示范情绪管理，所以他们的孩子也常处于感受混乱、情绪大起大落的不适状态。

　　情绪不干涉型家长在日常极少表露自己的情绪，他们看起来总是很平静。即使孩子产生消极情绪，这类家长也不会有什么反应，他们通常表现出对任何消极情绪都漠不关心或任由消极情绪自行发展的态度。这类家长既不在乎孩子产生情绪的原因，也不会主动帮助孩子解决情绪困扰问题。长此以往，孩子心里就形成了"家长不会帮助自己处理情绪"的结论。所以，这类家庭中的孩子在遇到困难或情绪困扰时也不会主动向家长倾诉，因为他们知道这样做毫无结果。在这类家庭中成长的孩子基本全靠自己摸索处理情绪的方法，他们也经常会有压抑、不会表达、不会宣泄等情绪困扰。

总之，一个人的情绪管理习惯是在日积月累的家庭互动中形成的，你的情绪管理习惯和情绪类型不仅会塑造孩子的情绪管理习惯，还会影响你和孩子的交流方式及沟通效果。要想和孩子更顺畅地沟通，你就要了解自己的情绪类型。

提示卡片

你的情绪类型
- 教导型——能妥当处理情绪，亲子沟通较游刃有余。
- 摒除型——能反馈感受，对情绪认识有局限，应对策略单一，孩子常有情绪困扰，亲子沟通不顺畅。
- 紊乱型——自身调节情绪有困难，不能协助孩子管理情绪，亲子沟通常针锋相对。
- 不干涉型——不表露情绪，对消极情绪漠不关心、任其发展，孩子遇事不会主动倾诉，常有情绪困扰。

及时妥善处理负面情绪很重要。如果孩子的负面情绪没有被及时处理，这些负面情绪就会像大石头一直挡在孩子的面前，影响他们的压力调节能力、成绩、人际关系等各个方面。孩子学习情绪安抚和情绪管理的最有效对象，就来自家长处理情绪时的言传身教。

教育是用一片树叶摇动另一片树叶。你心平气和，孩子才能从容不迫。

>>> **今日练习** <<<

（1）按照自己的理解总结本节要点（父母的元情绪类型），并记录今日练习的具体时间。

（2）你的情绪更偏向哪种类型？对孩子可能有什么样的影响？你父母的情绪更偏向哪种类型？对你有什么样的深远影响？

（3）今日练习自我评价——认知进步得分（1 2 3 4 5）、技能习得得分（1 2 3 4 5）、实践应用得分（1 2 3 4 5）。

2.4　勘察情绪雷区：警惕掉入无意识的情绪陷阱

每个人都有情绪雷区。在亲子沟通时，如果你能清楚自己的情绪雷区，那么你和孩子将会避免很多冲突。

你清楚自己的情绪雷区吗？

现在，请你回顾一下自己的日常生活，按照由强到弱的厌恶程度给以下 5 种感受排序。

- 怕自己没价值，怕被人说没用。
- 怕出错被人指责、贬低、羞辱。
- 怕自己不如别人幸福，不如别人富足。
- 怕面对别人的需求及期待，对琐碎的事情感到心烦意乱。
- 怕与人发生冲突，怕被人拒绝或排斥。

以上 5 种感受代表了 5 种常见的情绪雷区。如果你对某种感受格外厌恶，说明这种感受就是你的情绪雷区，你需要在日常特别留意，避开产生这种感受的情景，或者深入剖析这些感受，彻底清理这些情绪雷区。

情绪雷区是在人的成长过程中逐渐形成的，是一个人最敏感、最脆弱的情绪体验区。情绪雷区常常无意识地引导人的行动，它不仅会悄无声息地影响你为人处世的行为，还会深刻影响你养育孩子的方式。可以说，情绪雷区是一个人大部分行为的核心出发点，你只有了解自己的情绪雷区，了解其优势和不足，才能在养育过程中扬长避短，有效调整。

勘察情绪雷区

每种情绪雷区都有自身的优势和不足。

厌恶自我无价值、无用感的人，经常会用事事争优、成为榜样、精益求精的行动躲避可能会体验到的无价值感。这类人在养育过程中一般都能很快发现孩子的优势，并鼓励孩子在优势方面精进，经常对孩子有很高的期望。这类家长最难以忍受的是孩子犯错，因为孩子的任何错误都会勾起他们内心的挫败感和无价值感。这类家长的口头禅是"这都能错""你真是个废物""没用的东西"。在这种家庭氛围中成长的孩子经常会因为达不到父母的高期望而有很强的无力感，还有一些孩子则会变成无法面对失败、不敢松懈的完美主义者。

控制自己、把握局势、掌控一切是因怕出错而被人指责的人经常采用的应对方式。这类家长在养育过程中习惯把各方面都直接安排好，直接告知孩子该怎么做、何时做，以确保孩子的方方面面都在自己预设的条框中。这类家长经常使用的口头禅是"按我说的做就行""让你干，你就干""你再不……我就……"这类家长中还有一些会用随时奖惩、随时反馈孩子行为好坏的方式养育，但处于这样教养中的孩子通常会把大部分精力放在如何躲避惩罚、如何讨好家长获得更大奖励上。所以，这类家长会发现孩子要么变成了一直反抗自己的对抗者，要么变成了一个竭力得到赞赏但不快乐的讨好者。

常常紧绷、时刻准备战斗、厌恶脆弱，是担心自己不如别人幸福、不如别人富足的人经常采取的行动。因为常常要和他人比较，所以这类家长格外在意各种外界的评价标准。一旦家长自己在某方面表现暂时不如别人，或者孩子的表现暂时处于相对弱势的等级中，这类家长就很容易心急发怒。他们常挂在嘴边的口头禅是"你看人家谁谁多努力""不要和差的比，要和好的比""你怎么只是第二，不是第一"……经过这样养育的孩子，家长自始至终都没有真正看见过孩子的喜好，所以孩子很难形成真正的自驱力。即使这类孩子能够获得一时的成功，但他们也容易因为外在的评价而焦虑。还有一些孩子因为内心空虚，无所依托，所以会用彻底躺平、摆烂的态度对抗父母。在这样家庭中成长的孩子经常只是家长满足攀比心与面子的工具。而且，这类家长和孩子都经常会在亲子关系中感到寂寞空虚，没有温情。

面对别人的需求、期待、琐事常感到心烦意乱的人，经常采用大事化小、小事化了、怎么容易就怎么处理的行动躲避压力。在面对别人的需求及琐事时，这类家长常感到很强的压力，所以他们对孩子的规则要求也很弱，很容易在亲子关系中妥协让步。这类家长经常说的话是"好吧，行吧""就这样吧""差不多可以了"。经历这样养育的孩子很擅长用情感操纵使家长满足自己的各种要求，但对家长制定的规则毫不上心。

向人示好、希望被认可、渴望被垂怜，是怕发生冲突、怕被拒绝排斥的人经常采取的行动。对于这类人而言，让别人和自己持续保持密切关系是最重要的事。这类家长通常和孩子的关系过于密切，甚至对孩子有求必应，他们经常对孩子说的话是"我都已经这样了，你还……""这是最后一次""这次你能说话算数吧"。然而，这类家长经常会发现自己付出了很多，但孩子并不乖顺，因此内心逐渐积压怨气。同时，孩子已经习惯了家长的付出，会认为家长的付出理所应当，最后往往变得索取无度，不知感恩。一旦家长向孩子抱怨自己的付出没有回报时，孩子就会因为"家长的付出竟然是期待回报的"而产生一种被欺骗的愤怒感，最后的结果往往是双方都互生不满、心生怨气。

	你的情绪雷区	行为特点
提示卡片	• 怕无价值。	• 事事争优、成为榜样、精益求精。
	• 怕被指责。	• 控制自己、把握局势、掌控一切。
	• 怕不如人。	• 常常紧绷、时刻准备战斗、厌恶脆弱。
	• 怕人对自己有需求、期待。	• 大事化小、小事化了、怎么容易就怎么处理。
	• 怕被排斥。	• 向人示好、希望被认可、渴望被垂怜。

每类情绪雷区中的人都已经形成了一套固定的行为习惯，帮助自己躲过那些令人不快的敏感情绪。但是，每类行动习惯对养育的影响都是有利有弊的。对于事事争优的人而言，能力强、有见识、出类拔萃都是显著的优点；对于事事掌控的人而言，领导力、组织力、坚韧、时间管理是他们显而易见的优点；对于时刻准备战斗的人而言，竞争力、上进心都是优点；对于讨厌压力的人而言，随和、有同情心、容易活在当下是很明显的优点；对于与人友好的人而言，友善、热心、体谅他人都是可贵的优点。保留优势和调整不足并不冲突。发扬情感雷区带来的优势，规避惯性行动带来的劣势，才能实现更好的养育。

现在请你思考，自己的口头禅是什么？孩子的哪方面经常引发你们的冲突？自己的情绪雷区和孩子的表现，以及你们的冲突有怎样的关联？

吾日三省吾身是一种生活态度，也是养育过程中不可或缺的反思环节。

>>> 今日练习 <<<

（1）按照自己的理解总结本节要点（要点提示：事事争优、事事控制、时常紧绷、习惯讨好、厌恶压力），并记录今日练习的具体时间。

（2）识别自己的情绪雷区和养育习惯，深度剖析这种情绪雷区是怎样形成的，并尝试进行调整。

（3）今日练习自我评价——认知进步得分（1 2 3 4 5）、技能习得得分（1 2 3 4 5）、实践应用得分（1 2 3 4 5）。

2.5 避开情绪雷区：3 句话让你轻松跳过情绪陷阱

即使你的情绪雷区很隐蔽，在日常中它们也都有迹可循。如果你能及时发现并避开自己的情绪雷区，就能防止微小的无益情绪愈演愈烈，变成破坏亲子沟通的情绪炸弹。

你的情绪雷区都有哪些线索呢？

现在请想一想，你会用哪些词概括自己的孩子？词语数量不限。

写好后，请你将正向词语与负向词语区分开。

其实，不管你写的哪类词多，这些词都是你在心里给孩子贴的一个惯常标签，而其中的负面标签往往就是引你跳入情绪雷区、让你与孩子大动肝火的导火索。例如，"不自律""拖延""懒惰"等标签看起来像"你对孩子某些行为的不满意"，但本质上反映了你的某些根深蒂固的看法，往往正是这些看法把原本需要你协助孩子的事变成了一场亲子冲突。

孩子正处于学习和成长的年龄，有各种小的行为问题很正常。不自律也好，总是拖延也罢，都说明他们在这些方面还没有形成好习惯，或者没有找到养成好习惯的方法，所以孩子在这些方面需要你的协助和引导。然而，你一看到孩子不自律、拖延等不良行为，就怒不可遏、暴跳如雷，说明在你的眼里，这些不仅是孩子需要完善的能力，而且还有其他更多、更深的意义。例如，你最近对孩子的不自律深恶痛绝，仔细想想，也许你会发现自己近来其实很疲惫，非常希望孩子能管好自己，以便减轻自己当家长的压力；当你深究自己看不惯孩子的慢性子时，也许你会发现自己对慢性子的不耐烦，可能是自己小时候因为慢性子却常常被责备而留下的烙印……总之，孩子的负面行为往往就是家长跳入情绪雷区的导火索，你只有看清隐藏在负面标签背后的本质想法，才可能及时避开情绪雷区，用更有意义的方法帮助孩子。在日常养育中，不论你是用唠叨管理孩子，还是用惩罚教育孩子，其实都说明你已经跳入了情绪雷区却不自知。

现在请思考，你对孩子的哪些负面标签经常成为你跳入情绪雷区的导火索？

提示卡片	负面标签的背后 • 可能是家长情绪雷区的导火索。 • 能够映射家长的内在想法。	常见的负面标签 • 你太懒了。 • 你一点也不自律。 • 你总是拖延。

识别你对孩子的惯常标签，能让你对情绪雷区的导火索更警惕，帮助你避免雷区情绪的发酵与爆发。即使你发现自己已经踏入情绪雷区也没关系，你还可以用以下语言补救，让自己及时离开情绪雷区。一开始使用下面的语言时，你可能并不习惯。但多加实践，重复练习，它们就会变成你的习惯语言，给你和孩子带来越来越多的益处。

如果你的情绪雷区是害怕无价值感，习惯了事事争优、精益求精，那么你可以刻意营造轻松的家庭氛围。例如，在家人犯错时，用"恭喜，错误越多，智慧越多""真好，你又有一个新的学习机会了"等幽默的语言代替你对错误的挑剔与不满，这样你不仅会在心态上更放松，也会更容易走进孩子的内心。你也可以多问问自己和孩子，"这个错误想教会我什么""这个问题想让我学会什么能力"……这样能削弱你对完美的执着，减少对家人的指责。同时，这样也会让你们将关注点放在未来发展上，用更多的精力积极解决问题。

如果你的情绪雷区是担心被指责，已经习惯于事事控制，那么你可以刻意对孩子放手，在需要做决定时用启发性的问题代替直接安排。例如，你可以把"你是怎么打算的""你有什么解决办法""这样做的优缺点是什么"等话语挂在嘴边，给孩子留一些自主选择和思考的空间。这样不仅培养了孩子的能力，还有效减少了孩子对你的抵触和反抗。

如果你习惯于时刻战斗，总害怕自己不如人，那么你可以试着倾听自己内心的声音，从识别和记录自己和孩子的内心喜好开始，慢慢找回生活的节奏。你可以多问问自己"这真是我 / 孩子喜欢的吗""这真是我 / 孩子需要的吗""我的内心快乐吗"等问题。也许一开始你会发现自己从前一直活在别人的评价中，因而对自己有些失望和沮丧。但没关系，现在你已经在调整了，这就是你重新找回自己的开始。外在的评判标准永远是无法全部满足的，人生也只有一次，请你帮助孩子和自己，在那些使自己真正愉悦和热爱的事情上多花一些时间吧！

如果你习惯于逃避琐事，回避压力，那么你可以慢慢训练孩子遵守约定的习惯，培养他们独立自主的能力。你也可以试着多对自己说"无规则并不是真的为孩子好""我压力好大，但我可以慢慢来""孩子现在不独立，以后吃大亏"等话语。想了解更多培养孩子独立的具体方法，你可以参考第 3 章的内容。

如果你习惯于讨好孩子，那么你需要问问自己一味地满足孩子，到底是为了孩子的发展好，还是想让自己不被排斥。想清楚这一点，你就能慢慢减少有求必应的付出，帮助孩子自我负责，逐渐独立起来。你还可以常对自己说以下 3 句话来提醒自己："生活中不只有亲子关系让我愉悦""拒绝孩子并不代表我是一个坏家长""拒绝会让孩子失望，但从长远来看是有益的"。

避开情绪雷区

需要说明的是，调整意味着你和孩子的行为都要脱离原来的模式，所以孩子或多或少都会有些疑惑或不适应。尤其对于家长一直大包大揽、事事操心的家庭，孩子已经习惯了不劳而获，他们除了不适应你的调整以外，还可能会用各种方法试探你调整的决心。你可能会短暂经历比之前糟糕的体验。不过，请不要担心，只要你坚定执行，孩子都是能适应家庭新规则和养育新模式的。

现在请思考，在亲子关系中，你可以试着怎样做来避开情绪雷区的爆发？

九层之台起于累土，千里之行始于足下。你的言行只要调整一小步，日积月累，孩子就会改变一大步。

>>> **今日练习** <<<

（1）按照自己的理解总结本节要点（要点提示：标签的本质、避开情绪雷区的方法），并记录今日练习的具体时间。

（2）剖析某个亲子互动时的某个负面情绪，并识别头脑中对孩子贴的负面标签，重新理解自己的负面感受。想一想有没有更合适的处理方式，写下来。

（3）今日练习自我评价——认知进步得分（1 2 3 4 5）、技能习得得分（1 2 3 4 5）、实践应用得分（1 2 3 4 5）。

2.6　反思练习：打造你的专属注意力转移单

今天是反思练习日。

反思练习会让你对自己原来的情绪管理习惯形成更好的觉察。当你能开始应用新的情绪管理方法时，你就会慢慢建立适合自己的情绪掌控体系。请根据先前所学，完成下面的系统练习。

>>> **今日练习** <<<

（1）详细记录近日你在亲子关系中产生某种负面情绪的过程。回顾本周所学，进行反思和复盘（要点提示：无效情绪、情绪的提示意义、调节情绪困难、父母元情绪类型、情绪雷区、避开情绪雷区的方法）。

_____

_____

_____

_____

（2）接下来的每一天，每当你有无效情绪产生时，你就可以评估自己的情绪等级，然后转移注意力做一些其他事情（如运动、看手机、跑步、睡觉、做手工等），看看情绪是否扩大或缓和。如果情绪缓和了，那么你就把相应的方法记录在注意力转移清单中。长此以往，你就会形成一个私人专属的注意力转移清单。

情绪			注意力转移清单
感受	强烈等级 1~5	表现	方法
气愤	4	身体僵硬、握拳、摔门……	砸枕头

2.7 梳理练习：从行动细节窥探情绪管理习惯

今天是梳理练习日。

梳理练习会让你对自己的情绪管理旧习惯有更透彻清晰的认识。当你能开始剥离旧习惯、适应新习惯时，你就越来越能掌控自己的情绪了。请根据先前所学，完成以下系统练习。

>>> 今日练习 <<<

（1）详细记录近日你在亲子关系中产生某种负面情绪的过程。回顾本周所学，进行梳理和复盘（要点提示：无效情绪、情绪的提示意义、调节情绪困难、父母元情绪类型、情绪雷区、避开情绪雷区的方法）。

_____

_____

_____

_____

　　（2）请你回顾并梳理自己的习惯，写出自己面对无效情绪时通常采取的做法及相应产生的效果，并评估每种做法出现的频率。出现频率用数字 1~5 表示，1 代表不经常出现，5 代表经常出现；实际效果也用数字 1~5 表示，1 代表效果不佳，5 代表效果很好。有意识地辨别情绪对策的有效性，会让你更有意识地避开无效方法。这有助于你慢慢形成有效的情绪管理习惯体系。

情绪对策汇总		
习惯做法	出现频率	实际效果
找人倾诉	3	2
运动	1	3
闷在心里	4	1

2.8 拆解情绪演变的过程：4 步法掐灭你的情绪小火苗

当情绪产生时，如果能以"上帝视角"看清它的演变过程，你就能更精准地调整情绪，重塑后续的情绪走向。而当你多次成功地调整情绪后，你就会逐渐形成更有益的情绪管理新习惯。

现在请你回想一个发生在亲子相处时的情绪事件，你的情绪是因何事而起，又是如何扩大的，将它写下来。

一个人外在经历的事、内心闪过的念头、过往的记忆，甚至肢体动作和姿态等，都可能引起他的情绪波动。所以，很多时候，情绪就像一个灵敏的指示器。但是，如果你在情绪调节方面存在困难，你的情绪则更像一个灵敏但不准确的指示器。因为你的情绪虽然能迅速感知到各种变化，却无法提供准确的信息，它不但不能帮助你做出最有益的决策，还可能让你陷入烦扰。因此，校准情绪反应，防止过度、不合理的情绪反应是很有必要的。只有当情绪提供的信息准确时，你才能保持理智，做出更有利于自身利益（亲子关系、身体、物质、精神、人际关系等）的决策。

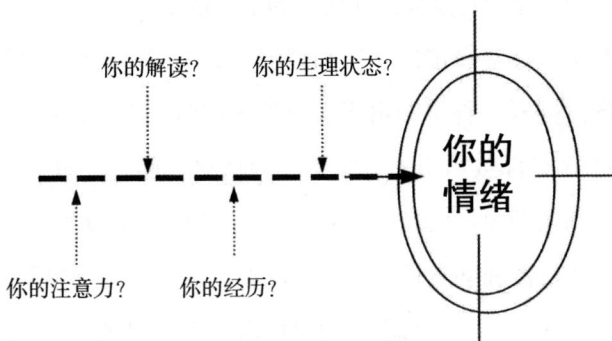

你的解读？　　你的生理状态？

你的注意力？　　你的经历？

你的情绪

拆解情绪演变的过程

你回看自己刚写下的情绪事件会发现，情绪感受并不是事情一发生就立即出现的，而是经过了多个环节才逐渐产生的。

首先，你对于事件的注意力分配决定了你后续时间和精力的投入。同样一件事，不同的人给予的关注度和重视度不同，消耗的时间精力则不同，情感卷入的程度也不同。如果你发现某类事情总是占用自己过多的注意力和精力，而且通常给你带来不舒服的情绪，那么你不妨从调整注意力入手，主动地降低对这类事情的关注度。每当这类事情即将发生或已经发生时，你可以问问自己："这件事对我而言真的重要吗？""什么对我而言才是真正重要的？""我为这件事被影响情绪，真的值得吗？""把消耗在这事上的注意力转移到其他地方，做那些会让我更快乐、对我更有效的事情上，会如何呢？"以上问题可以帮助你及时管控自己的注意力和精力，减少因为注意力过度倾注而引发的不良情绪。

其次，你对事情的解读和理解方式决定了后续情绪的发展方向。同样一件事，由于人的理解和假设不同，后续情绪的发展方向自然不同，最终得到的情绪体验也不同。例如，当你听到老师向你反馈孩子最近成绩下滑、上课无精打采时，如果你的解读和联想是"孩子最近不上进""初二跟不上就再也跟不上了""一定是玩手机影响了学习"，那么你大概率会感受到"生气""焦急""失望"等强烈的负面情绪；而如果你的解读和联想是"孩子可能遇到了难事""孩子可能只是一次发挥失常""最近学习压力可能过大了"等，那么你的负面感受就会减少，取而代之的可能是"疑惑""低落""心疼"等更偏中性的情绪或强度更低的负面情绪。如果你发现自己对事情的反应更倾向于前者，有较多的负面解读和联想，那么你可以尝试把事实、解读、感受这三者分开写在纸上，帮助自己平静下来。

例如，你可以这样写。

事实——中午吃饭时，班主任给我打电话说孩子这次考试成绩下降较多，上课也有些无精打采。

解读——我头脑中的想法及联想是"孩子最近分心，不上进了""初二很关键，学习跟不上就很难跟上了""玩手机影响了学习"……

感受——我感到压力、担忧、着急、生气。

清楚地将事实、解读、感受这三者列出来，你可以避免不自觉地将联想误当作真实，从而深陷烦恼或大动肝火。留意你对事件的解读和联想，因为它们很擅长伪装，容易逃过理智的审视，经常让人误以为这就是事情的真相，进而产生烦恼。

再次，你的过往经历会自动触发保护机制，使你对某类情绪感受更敏感。当某件事曾带给你非常深刻的负面体验时，你的身体和大脑的神经元都会记住它。一旦类似的感受再次出现或即将产生，你的情绪就会变得格外强烈，让你警惕。其实，这个过程也是我们能够形成经验的原因之一。例如，从前某次别人向你问路，你善意指路后却发现对方另有所图，导致你在财务上有所损失。那么，当再一次有陌生人向你请求帮助时，那种蒙受损失的感受就可能会被唤醒，让你警觉起来。所以，如果你经常在某类情景中产生强烈的负面感受，但又很难摆脱，那么你不妨静下心来仔细想一想，以往发生过什么事给你留下了难以磨灭的印象，或给你带来了伤害性的负面体验。你可以将这件事详细、完整地写下来，然后试着把下面这段话读给自己听："这件事在当时让我很难受，它甚至让现在的我对类似的事都有剧烈的情绪反应。我真的很害怕这样的事再次发生。但是，现在这件事已经过去了，眼前的事已经不是那时的事，现在的我也不是那时的我。我已经有比那时更多的经验和能力。对于眼前的事，我有能力维护自己身体、物质、精神、人际关系、亲子关系等各方面的利益。"这段话能帮助你逐渐摆脱过往的影响，让你更理性地对待当下的事情。通过主动审视过往经历的影响，你能够更客观、更理性地看待和处理眼前的事，以免继续被动地受到过去遗留的情绪影响。

最后，你的生理情况会和你的心理状态相互影响。众所周知，放松的身体状态通常和愉悦的心理状态相伴出现。也正因如此，身体放松训练常常被用来缓解焦虑者的紧张情绪。所以，你也可以主动借助身体姿势的变化调整自己当前的情绪感受。例如，当你感到愤怒时，不妨给自己半分钟时间做20 次深呼吸，通过让心跳慢下来的方法保持情绪平静；当你的孩子因怯场而不自信时，你也可以教他刻意做出双手叉腰这类有张力的动作，帮助他保持自信和镇定；当你感到压力与疲惫时，不妨对着镜子里的自己微笑片刻，舒缓的面部肌肉也会帮助你放松心情。总之，只要你发现负面情绪已经占领了自己的大脑和身体，你就可以通过刻意改变身体姿态调整自己的心理和情绪状态。

提示卡片	情绪发生过程	调整方法
	• 事件占据注意力。	• 提醒自己真正重要的事。
	• 大脑解读事件。	• 区分事实、解读、感受。
	• 关联过往经历。	• 审视重大事件对自身的影响。
	• 引发生理变化。	• 调整身体状态、姿势。

以上任意一个环节的调整都会改变你的情绪走向，也能让你的情绪指示器给你提供更准确、更合理的信息。

现在请想一想，你想解决的情绪和引发事件之间，哪一个环节造成了自己情绪的偏离或负向加强？

你清楚地看到自己在情绪十字路口的选择，会避免情绪无意识地负向加强或偏离。

情绪是一个灵敏的指示器，用好它提供的信息，你会做出更好的决策。

>>> **今日练习** <<<

（1）按照自己的理解总结本节要点（要点提示：四个环节），并记录今日练习的具体时间。

（2）请想一想，你想解决的情绪和引发事件之间，哪一个环节造成了你情绪的偏离或负向加强？尝试用文中的方法调整，或探索适合自己的方法。

（3）今日练习自我评价——认知进步得分（1 2 3 4 5）、技能习得得分（1 2 3 4 5）、实践应用得分（1 2 3 4 5）。

2.9　剥离情绪内核：找到触发情绪的真正机关

为什么你的情绪有时会一发不可收拾，有时却久久不能消散呢？这可能是因为你习惯用表象情绪处理本质情绪。

很多人对自己的情绪并不了解，也不清楚自己情绪不好的根本原因。每当受到情绪冲击时，大多数人会用自己惯常的情绪反应和熟悉的处理方法面对情绪冲击，但这样做往往掩盖了真正的深层情绪。

格林伯格（L.S. Greenberg）认为，人的情绪不仅是一种本能的生物反应，而且会受到文化的影响，并且每个人的情绪都是分层级的。那些不易察觉的、触动内心的、直接与你的深层感受相连的情绪称为原生情绪，而表层的、浅显的情绪称为次生情绪。简单地说，原生情绪是外界与你的内心碰撞时，你直接产生的第一层情感，而次生情绪则是你对原生情绪的情感反应。例如，孩子很晚回家，没有提前通知你，回家也没有主动向你解释，你脱口而出责怪孩子："怎么这么晚才回来？放学又跑到哪里野去了？"其实，你的本意是担心孩子的安全，想了解他晚回家的原因。因此，你的原生情绪本质上是担心、疑惑。但由于你并不习惯直接用这些原生情绪表达情感，而是习惯用次生情绪表达情感，那么你就会责怪孩子。用次生情绪表达情感时说出的话通常会扭曲说话者的本意，将对话带到敌对的方向。如果你习惯在亲子沟通中用次生情绪表达情感，那么你会发现，孩子会用抵抗、冷漠等不良方式回应你，或者只是和你泛泛而谈，对话内容浅显而不走心。

当你很少留意和深究自己的深层情感时，你可能经常误将愤怒、失望、尴尬、焦虑、嫉妒等次生情绪当作全部的情感，可能费尽心思地想用压抑克制愤怒，想用离开避免失望，或者常用内耗思索尴尬……但你会发现这样做收效甚微，你

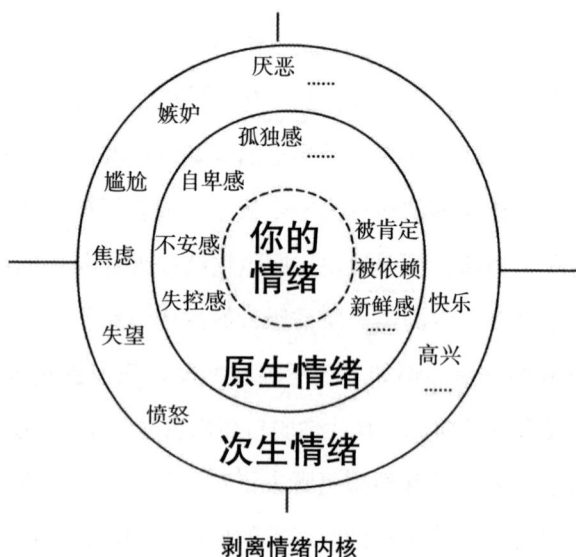

剥离情绪内核

的情绪依然会在心中汹涌。因为表达次生情绪只是处理核心情感的一种不良反应习惯，并没有处理你难受的根源，只有当你的原生情绪被感知、被描述时，你的情绪波涛才会逐渐平息。如果你发现自己很难说出原生情绪，可能是因为次生情绪蒙蔽了它。很多时候，次生情绪会快速显现，甚至等不及你反应就掩盖了你的原生情绪，让你做出不恰当的反应和处理。如果你在生完气、发泄后仍然感觉不舒服或憋闷，那可能就是你被次生情绪蒙蔽了。在这种情况下，只有妥当安置原生情绪，你的不适感才会彻底消失。

　　经常被次生情绪掩蔽的原生情绪包括失落感、不安感、被抛弃感、失控感、孤独感、自卑感、无助感、无意义感、罪恶感等。如果你曾经不习惯留意自己的原生情绪，那么你也许可以从这些词中得到答案或启发。通常，你在找到自己的原生情绪时会有一种内心被击中后沉下去的如释重负感，有时甚至可能感觉到悲伤。如果你发现自己的某种情绪异常强烈或自己长期被某种情绪笼罩，就可以用"追问为什么，用感受回答追问"的方法找到自己的原生情绪。例如，我为什么生气？也许因为我很不满；我为什么不满？因为我很难受、很不安；我为什么不安？因为我感到自己没有价值、没有意义……通过这样的追问，你就会发现自己焦虑的内核可能是对未来的无力感和竞争中的自卑感，而愤怒的背后可能深藏着关切与担心。真正扰动你情绪的，其实是这些无力感、自卑感及深切的关心，而焦虑、愤怒都只是情绪的表象。

找到核心的原生情绪后，你就可以用前面练习中提到的方法思考这些原生情绪背后的深意和提示。你还可以用视觉法想象带着原生情绪的自己正和真正的自己共处一个空间，然后你在内心问他当下的感觉及需要的关爱与帮助。问完后，你会发现，带着原生情绪的自己会自动告诉你所有的答案。如此一来，你可能会发现，无助感也许在提醒你，目前的资源似乎不太充足，你需要想办法得到更多的物质或精神支持；失落感也许在提醒你，与某人的关系似乎不能满足你的需求，你们需要通过沟通调整关系，或者你需要重新审视这段关系；无意义感也许在提醒你，你并没有深度投入到手头的事情中，你期待有更深刻的生命体验让自己充盈起来等。每种情绪都有意义，原生情绪和其他任何情绪一样，都承载着你未曾留意的重要信息。一旦你能准确捕捉原生情绪的提示信息，你就能与它和谐相处，做出更理智的选择与行动。

提示卡片	常被忽略的原生情绪	找到原生情绪的方法
	失落感、不安感、被抛弃感、失控感、孤独感、自卑感、无助感、无意义感、压抑感、空虚感、无价值感、罪恶感、羞耻感、恐惧感、被认可感、被依赖感、胜任感、被看见感、被信任感、掌控感、被关注感、新鲜感……	问自己为什么（生气、焦虑、尴尬……） 用感受回答提问（我感到不满 / 不安 / 无价值……） **面对原生情绪的方法** 视觉法想象带着原生情绪的另一个自己与真正的自己共处一室，问他现在的感觉及需要

　　此外，你还可以留意与这些原生情绪同时出现的内心联想、经历体验，检查自己的原生情绪和次生情绪是否经常与某些负性事件紧密相连，或者经常被简单粗暴的假设激发。例如，你将"曾经别人看不起自己"的经历与"新环境中很少人和自己说话"联系在一起，就可能激发自己深层的自卑感，催生愤怒与焦虑；"没记住纪念日就是不爱"这样的想法时常会激发人的被抛弃感，催生失望、伤心的感觉。如果你发现自己的原生情绪总被类似的观点或经历激发，那就说明你需要花一些时间，认真思考和审视这些观点或经历了。

　　次生情绪很容易掩蔽原生情绪。找到你的原生情绪，才是找到了真正的情绪触发机关。

〉〉〉 今日练习 〈〈〈

　　（1）按照自己的理解总结本节要点（要点提示：原生情绪、次生情绪），并记录今日练习的具体时间。

　　（2）请仔细思考，你想要调整的情绪中，表层的次生情绪是什么？核心的原生情绪是什么？原生情绪的提示与意义是什么？哪些经历或观点激发了你的原生情绪，催生了次生情绪？

　　（3）今日练习自我评价——认知进步得分（1 2 3 4 5）、技能习得得分（1 2 3 4 5）、实践应用得分（1 2 3 4 5）。

2.10 审视情绪想法：小心片面情绪蒙蔽你的双眼

为什么一件事会引起你的强烈情绪，但别人却对它毫无反应呢？原因就是不同的人有不同的内心解读，所以产生了不同的感受。

这个道理很简单，但困于情绪的人往往会忽略这一点。他们经常不会意识到通过内心的解读，自己看到的只是主观视角下的局部景象，并不等于全部的真实风景。因此，如果困于情绪的人能够及时修正内心看法与真正现实之间的差距，那么他们就能避免被片面的内心观点蒙蔽。

想要准确修正内心看法与真正现实的差距，你需要警惕头脑中的主观想法。

前文提到过，情绪能让人在原始社会中快速对有威胁的情景做好准备。但在现代社会中，情绪却经常会利用你的主观想法扭曲现实，过分夸大威胁。你的观点或想法符合客观现实吗？你可以用心理学家阿尔伯特·艾利斯（Albert Ellis）提出的"不合理信念"进行检测。

如果你发现自己的想法中常常包含"应该""必须"等字眼，那么你可能被绝对化的不合理观点蒙蔽了。例如，"我对别人真诚，别人就应该真诚待我""必须人缘好才能受人欢迎""必须有钱才能幸福"等都属于绝对化的观点。这类绝对化的观点很容易让人固执己见，不能客观看待现实。同时，拥有绝对化观点的人很容易因为外界现实与内心观点不一致而对外界充满失望。其实，绝对化的观点忽视了价值观的多样性。如果你坚持自己绝对化的观点，认为世界上只应该有一种价值观，那么你自然会在现实中到处碰壁。

概括化的想法也是导致情绪变形的原因之一。概括化的不合理想法往往伴随着以偏概全的思考方式。例如，因为几件事情没做好就认为自己或别人一无是处、因为几次失败就认定自己不会成功等都是概括化的想法。如果你发现自己的想法经常是概括化的，那么你可能是习惯了用部分情况代替全部事实的思考方式。而且，你会发现自己很容易陷入过度挑剔或过度指责的情绪中。

如果你发现自己的头脑中总是充斥着类似于"上不了好高中就上不了好大学、找不到好工作就完啦""要是离婚了，我的生活就完了"的想法，那么你可能是被灾难化的想法裹挟了。灾难化的想法常用一种逻辑简单却经不起推敲的线性思维，使你陷入极度的恐惧、担忧中，引发你的焦虑情绪或恶性的悲观想法。但是，你只要稍加考量就会发现，这些灾难化想法的逻辑很难自洽，很容易被反例推翻。

当你的想法有绝对化、概括化或灾难化的特征时，你就需要警惕了。因为这三类想法反映的内心解读往往和真正现实相差巨大，经常会让你不自觉地陷入情绪烦恼中。如果你能及时分辨这三类主观想法，那么你就能避免被偏狭的内心解读误导。

现在请想一想，当出现负面情绪时，你头脑中的观点是怎样的？是否具有以上某个特征？

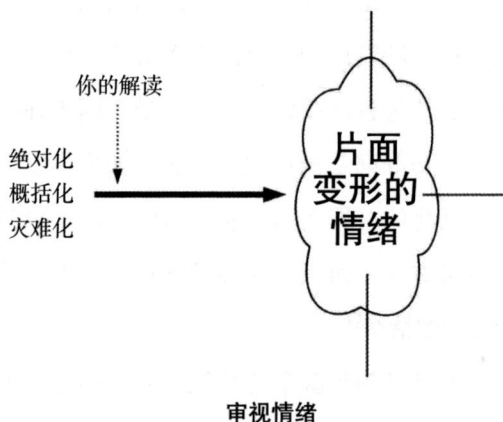

你的解读

绝对化
概括化
灾难化

片面变形的情绪

审视情绪

你一旦发觉自己被以上三类想法蒙蔽了，就可以用"和自己辩论"的方法修正不合理的观点。做法很简单，你只需要尽力提出与原观点相反或不一致的观点，反驳原观点即可。例如，你可以用"别人不想和我有进一步的关系，勉强别人真诚也不算真朋友"反驳"我对别人真诚，别人就应该真诚待我"这种绝对化的想法；你也可以用"我起码能自己照顾自己吧，怎么能算一无是处呢"反驳"几件事情没做好，就认为自己或者他人一无是处"这种概括化的想法；你还可以用"找不到好工作，还可以自己做事，说不定发展更好"反驳"上不了好高中就上不了好大学、找不到好工作就完蛋啦"这种灾难化的想法。总之，你能说出的反驳观点越多，就越容易破除这三类不合理想法带给你的负面情绪。如果你能有意识地提出反驳观点，就不仅能修正自己的不合理解读，避免情绪恶化，还能逐渐形成更理智的思维习惯。这样一来，无论是你自己还是身边人被不合理的观点蒙蔽时，你都能及时识别错误，用观点反驳来保护自己和身边人的情绪。经过多次练习，你的内心会逐渐形成更有效的情绪处理体系，也就能更得心应手地掌控自己的情绪。

提示卡片	不合理观点的特征 • 绝对化。 • 概括化。 • 灾难化。	修正工具 观点的自我反驳。

　　你拥有修正情绪的工具越多，就越能游刃有余地纠正情绪。

>>> **今日练习** <<<

（1）按照自己的理解总结本节要点（要点提示：内心解读、不合理观念、自我辩驳），并记录今日练习的具体时间。

（2）请想一想，当负面情绪出现时，你头脑中持有的观点是否具有某个不合理特征？

（3）今日练习自我评价——认知进步得分（1 2 3 4 5）、技能习得得分（1 2 3 4 5）、实践应用得分（1 2 3 4 5）。

2.11　重构情绪意义：拨开迷雾，重做情绪的操盘手

人都有保持自身认知平衡的倾向。多数观点的稳定不变能让人的内心保持秩序感，观点的剧烈变动经常会引起人的内心冲突及行为混乱。但是，价值观过于稳固也会导致人缺乏心理弹性。缺乏心理弹性的人往往意识不到自身观点的局限性，经常出现自我限制的想法或产生钻牛角尖的情况。

其实，很多负面情绪都是由稳固但不合理的观点导致的。每当你的脑海中重复这些不合理的观点时，不仅会引发你的负面感受，而且会使你的不合理想法越来越稳固。随着重复次数的增多，你的大脑还会越来越熟悉这套"不合理想法—负面情绪"的运作模式。这套运作模式也将慢慢成为你的情绪管理习惯，并且越来越根深蒂固。想要打破这种固化的不良情绪模式，你需要刻意地觉察与练习。现在每天的练习，就是帮助你拆除情绪管理旧习惯、构建情绪管理新习惯的过程。

当负面情绪出现时，除了与情绪背后的不合理观点进行

自我辩驳，你还可以问自己两个问题：一、对于这件事，还有没有其他可能的解释？二、我可以从中学到什么，这件事想教会我什么？

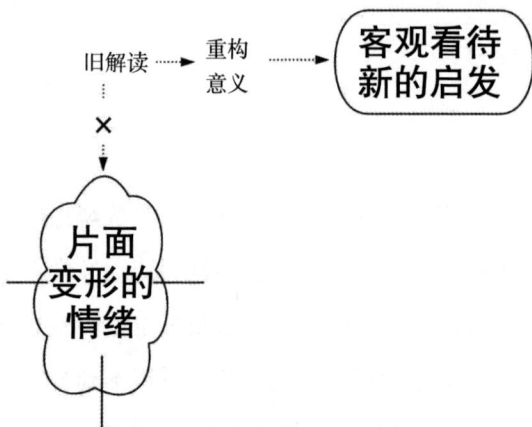

重构情绪意义

第一个问题能够打破你原有的思维惯性，促使你主动思考引发事件的其他可能性。当你发现某个想法引发了你的负面情绪时，就可以让自己进行一次头脑风暴，尽可能多地提出与当前想法不同的联想与解读。例如，当你发现孩子的本子上写着"再也不想去学校了，真想逃离世界"时，你可能会感到担心、惊慌。这时你的大脑中已经涌现出各种想法和联想，如"孩子最近懈怠了""不上学，前途就毁了""孩子可能已经开始逃课了""孩子是不是让人欺负了"等。如果不及时制止这些想法和猜测，那么你的情绪很可能会因为这些先入为主的想法而不受控制地酝酿和发酵。相反，如果你能有意识地进行头脑风暴，就会发现导致这句话出现的原因可能有很多种。例如，孩子压力太大，需要调节；孩子在学校遇到了困难；也可能这句话只是孩子的吐槽，或者这句话是别人写的，等等。你只要及时觉察并主动进行头脑风暴，就能很快跳出原有的思维惯性和局限，避免被先入为主的想法牵着走，从而加剧负面联想和情绪。

第二个问题则能帮助你跳出消极的观点与感受，用更中立或积极的思维看待事情。例如，熬夜总会让你精力不足、心情不佳，但你又总是陷入熬夜、心情不好、后悔自责、立誓早睡的恶性循环中。如果你能思考"我可以从这件事中学到什么，这件事想教会我什么"，也许就会发现，自己对压力感和压力来源有了更清楚的认识。同时，你还可能会发现，解决熬夜问题将有助于你找到真正有效的放松方式和管理作息的办法，熬夜这件事也许会让你对适合自己的生活方式有更深刻的理解。所以，第二个问题会引导你主动从发展的角度看待问题，这样不仅能避免负面情绪的持续影响，还能促进你的思考和自我了解。

现在请想一想，你的负面情绪有什么其他可能性和启发呢？

> **提示卡片**
>
> **修正方法**
> · 头脑风暴观点的其他可能性。
> · 从成长的视角思考情绪的启示。

等情绪平复后，你就可以着手规划后续的事情了。具体地说，你可以从梳理自身资源开始，做出更符合现实、更易于实施的计划。你可以从内在和外在两个方面梳理自己的支持资源。你的个人品质和能力（如执行力、灵活性、毅力、检索办法、知识、经验等）都是你的内在资源，而亲人和朋友的鼓励、机构提供的服务、人际关系网络、财力等是你可以调动的外在资源。梳理和了解自己拥有的资源能让你做出更缜密可行的规划，也能有效地规避因情绪化决策而导致的损失。

现在请想一想，你有哪些资源可以利用呢？

人们常常只关注情绪本身，而忽略了自身观点这个幕后推手。

只有你重新亲自操盘，赋予事件新的意义与解释，你才能扭转原本的情绪惯性。而蜕变的力量与资源，就藏在你的经历中。

>>> 今日练习 <<<

（1）按照自己的理解总结本节要点（要点提示：观点新解释、寻找资源），并记录今日练习的具体时间。

（2）请想一想，你的情绪有什么其他可能性和积极意义呢？你有哪些资源可以利用呢？

（3）今日练习自我评价——认知进步得分（1 2 3 4 5）、技能习得得分（1 2 3 4 5）、实践应用得分（1 2 3 4 5）。

2.12 检视情绪对策：打破惯性反应，扭转情绪管理习惯

你处理情绪的对策越有适应性，你就越能掌控自己的情绪。消极的情绪对策不仅不能调节情绪，还会让你形成不良的处理习惯，增加负面情绪的出现频率。因此，准确分辨自己所用情绪对策的类型，会让你更清楚自己的情绪秉性。这也是优化情绪对策、形成情绪管理新习惯的必要前提。

请你翻到 2.7 节练习所写的情绪对策，按照下面的描述逐一给自己的情绪对策分类。同时，请你评估每种情绪对策出现的频率，用数字 1~5 表示，1 代表不经常出现，5 代表经常出现。

情绪出现时，你的情绪对策与哪种情况更接近？

①你经常会对发生的事情感到自责，你会想办法消除自责的感觉。

②你会接受自己的各类感受与情绪，承认或说出自己感受到的负面情绪。

③你会陷入长时间的沉思，不断地在脑海中回顾这件事及相关细节，花较多的时间回想这件事，同时负面感觉有增加的趋势。

④你会重新审视相关事件，站在多个角度（如他人的角度、客观角度等）重新看待。这样做后，你通常感觉自己对事情有了更全面的认识。

⑤你会重新审视自己的处理方式，根据当前的事态发展调整计划。这样做后，你通常有掌控感增加、条理更清晰的感觉。

⑥你会调整自己对事情的理解，主动想相对积极的一面，或者思考自己能够从这件事中学到的经验。

⑦你会对发生的事情感觉很糟糕，会有"为什么这件事偏偏发生在我身上"之类的困惑或埋怨，时常觉得自己比别人惨、运气不如别人好。

⑧你认为事件中的其他人责任非常大，自己的负面情绪主要就是由这些人导致的，他们应该为你的负面感觉负很大责任。

⑨你会有意识地控制自己的面部表情、语气，压抑自己的感受，不希望其他人看出自己的负面情绪。

以上是 9 种常见的情绪对策，其中具备适应性的积极对策有②④⑤⑥，其余 5 种类型都是消极的情绪对策。

现在请你看一看，自己的情绪对策更偏积极，还是消极。

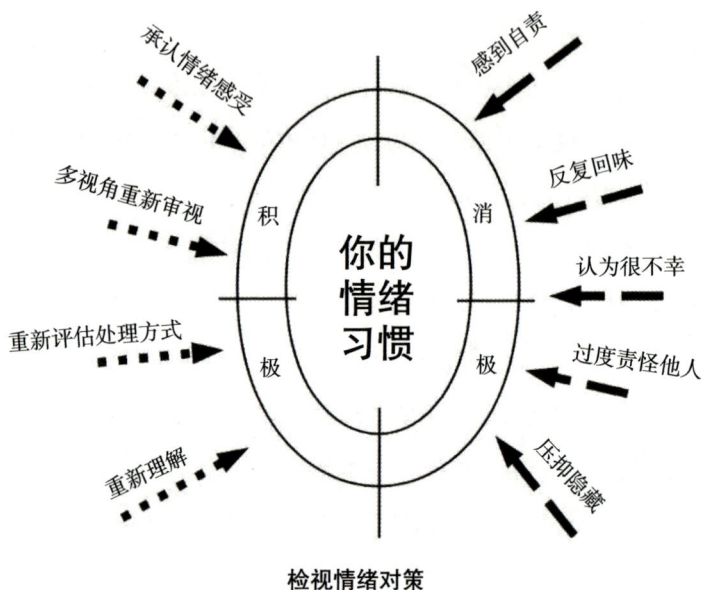

承认情绪感受

多视角重新审视

重新评估处理方式

重新理解

感到自责

反复回味

认为很不幸

过度责怪他人

压抑隐藏

积极

消极

你的
情绪
习惯

检视情绪对策

如果你的情绪对策不在以上类型中，你可以通过问自己以下 4 个问题来确定自己使用的情绪对策类型。

- 这个方法让你的生活状态好转了，还是更糟了？
- 这个方法让你更内耗了，还是行动效率更高了？
- 这个方法让你离目标更近了，还是更远了？
- 这个方法让你的亲子关系、人际关系更和谐了，还是更混乱了？

通过以上 4 个问题，你也能对情绪对策的类型有更清晰的判断。给你带来负收益或低收益的情绪对策都是可以替换或优化的。当你发现自己再一次使用了消极的情绪对策时，你就可以主动叫停，有意识地中断自己当前的做法，然后鼓励自己尝试其他积极的对策。需要注意的是，你现有的消极对策并非一天形成的，所以你需要刻意重复练习才能形成积极的情绪对策。你需要时刻提醒自己，及时分辨消极的情绪对策。只有清楚什么对自己好、什么对自己不好，你才有可能停止从前的情绪惯性，找到有效的调整对策。

提示卡片	情绪对策优劣判断	情绪对策改善
	• 你的生活状态好转了，还是更糟了？ • 你更内耗了，还是行动效率更高了？ • 你离目标更近了，还是更远了？ • 你的亲子关系、人际关系更和谐了，还是更混乱了？	• 及时停止消极对策。 • 主动重复积极对策，养成习惯。

　　检视情绪对策是改善情绪管理习惯的重要一步，而停下惯性是其他一切可能发生的起点。

>>> 今日练习 <<<

　　（1）按照自己的理解总结本节要点（要点提示：9 种情绪对策），并记录今日练习的具体时间。

　　（2）请对你的情绪对策分类，并有意识地重复积极对策。

（3）今日练习自我评价——认知进步得分（1 2 3 4 5）、技能习得得分（1 2 3 4 5）、实践应用得分（1 2 3 4 5）。

2.13　实践练习：自我暗示帮你重掌情绪节奏

今天是实践练习日。

实践练习会让你对积极、适应性的情绪管理习惯越来越熟练。当你能够熟练地找到有效的办法时，你就形成情绪管理新习惯了。请根据先前所学，完成下面的系统练习。

>>> 今日练习 <<<

（1）详细记录近日你在亲子关系中产生某种负面情绪的过程，根据所学方法进行梳理并实践（要点提示：引发事件、我的需求、注意力分配、我的身体生理反应、我的联想 / 观点 / 假设、是否不合理、是否与以往经历相关、我的原生情绪与次生情绪、情绪的提示意义、重构情绪意义、我的情绪惯性、我的叫停暗示、评估对策）。

_____

_____

_____

（2）请你和自己约定一个动作暗示或语言暗示。每当有无效情绪产生或使用消极对策时，你就尝试用这个暗示提醒自己停止当前的状态。同时，请你记录这个暗示的有效性。这个记录会帮助你找到适合自己的叫停暗示。

叫停暗示	
动作 / 语言暗示	有效程度（1~5）
故意咳嗽 6 下	3
拍自己的肩膀 5 下	1
对自己默念 5 遍"我可以处理，慢慢来"	4

2.14　优化练习：小心疲惫放大了你的情绪

今天是优化练习日。

优化练习会帮助你找到与自己个性更匹配的方法，形成最适合自己的情绪管理新习惯。请根据先前所学，完成下面的系统练习。

>>> **今日练习** <<<

（1）详细记录近日你产生某种负面情绪的过程，回顾本周所学方法并进行优化（要点提示：引发事件、我的需求、注意力分配、我的身体生理反应、我的联想 / 观点 / 假设、是否不合理、是否与过往经历相关、我的原生情绪与次生情绪、情绪的提示意义、重构情绪意义、我的情绪惯性、我的叫停暗示、评估对策）。

_____

_____

_____

_____

_____

_____

_____

_____

_____

　　（2）留意你容易疲惫的时刻。人在比较疲惫时，很小的情绪都有可能被无意识地累加放大，让你情绪消沉或爆发。留意你的疲惫状况能帮助你更好地关照自己的情绪。

我容易感到疲惫的时刻	容易令我疲惫的场景
下午刚下班，约 18—19 点	孩子的老师联系我
睡前 30 分钟	工作事情堆积

2.15　改善情绪对策：2 招让你面对极端情绪也不慌

情绪有维持、延续的倾向，很容易让人迷失其中。强烈的情绪更容易将人堙没，让人失去理智或沉溺其中无法自拔。因此，学会面对极端强烈的情绪是维护心理健康的重要课题。

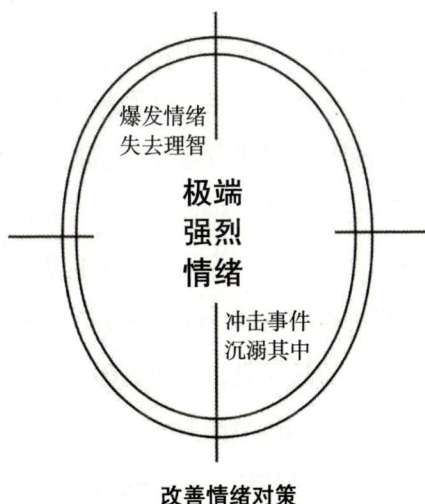

改善情绪对策

有时情绪发生后，你可能会产生"自己是不是太激动了，好像没有必要反应那么大"这类感觉，甚至对自己展现的情绪感到不舒服、后悔或羞愧。之所以发生这种情况，大概率是因为你被当时强烈的次生情绪蒙蔽，产生了和情景不匹配的情绪强度。2.9 节的练习提到过，次生情绪出现得很快，而且掩蔽性很强，往往等不及你反应就会直接掩盖原生情绪，诱导你做出不恰当、不利于自己的行动。而过于冲动的情绪往往会导致人在事后懊悔，甚至陷入难以挽回的局面。

因此，如果你感到自己的情绪在顷刻间变得异常剧烈，那么你就要警惕可能是次生情绪在作祟。想要避免次生情绪给你带来利益损失（如人际、财务、时间、精力、发展、情绪等方面的损失），你就可以用"行动对抗"管理自己的情绪强度，避免损失。"行动对抗"需要你主动展现与当前情绪不一致的肢体动作、语气、表情。这些身体姿态的变化将会减缓你当下的强烈情绪，帮助你避免利益损失。例如，你对自己总被人占便宜感到厌恶，但因为不善于拒绝，所以经常会遇到这种情况。久而久之，你对这类事情积压了愤怒。不巧今天又有同事想占你的便宜，对方刚开口，你就怒火中烧，感到很愤怒。同时，你还感觉自己很无能，甚至对自己很生气……如果任由这股强烈的情绪爆发，愤怒就很可能占据上风，连带着你以往积压的情绪一起喷涌而出，导致你大发雷霆。然而，事后你很可能会后悔，因为这样做可能导致同事关系恶化，不利于日后的合作，甚至让你被贴上"难以相处""情绪不稳定"等负面标签，严重损害你的职场处境。在这种时刻，你可以通过"行动对抗"避免负面的影响。例如，你可以有意识地微笑、放慢语速、放松紧绷的身体等。这些调整都能够帮助你避免被强烈的愤怒控制，防止冲动情绪造成难以挽回的局面。需要注意的是，"行动对抗"并不是让你一味地忍让或委屈自己，而是为你提供一个缓冲和选择的机会，帮助你在情绪冲动时更好地保全长远利益，避免被强烈的次生情绪吞没，无意识地做出损害自身利益的行为。所以，如果你想根除某种强烈的次生情绪，那就需要在事后分析这种情绪背后的意义，并制定相应的技能练习和提示来纠正它。只有这样，你才能学会掌控它，从根本上减弱或避免这类情绪再次出现。

现在请想一想，在强烈的情绪爆发前，你通常会表现出哪些征兆？

当这些征兆再次出现时，就是你可以用"行动对抗"管理强烈情绪、保全长远利益的信号。

如果你正在经历强烈的冲击性事件（如亲人去世、伴侣分开、裁员、破产、身体受到伤害等），难以从痛苦情绪中走出来，不妨试一试"同情自己"这个方法。

"同情自己"这个方法需要你想象自己所经历的痛苦正发生在最好的朋友或最爱的人身上，他们正在体会你经历的一切，被同样的痛苦折磨。此时，作为唯一与他们感同身受的人，你会怎样安抚他们呢？请用一张纸写下你想对他们说的话，如"我知道你正在经历……我理解你内心此刻有……的感受，我能感觉到你的……"等。这样做之所以能缓解你的痛苦，是因为你的情感在这个过程中会得到共鸣和理解，而这种理解会让你感觉自己并非独自承受痛苦，你并不孤单。

其实，很多痛苦体验都是人类普遍共有的，共鸣能让人减轻很多痛苦情绪。类似的，在同质性团体治疗中，有共同困扰的人会相聚一堂，而相聚在一起这一点就能让很多成员感受到被理解，从而获得复原的力量。所以，如果你身边的人正因极端事件而陷入痛苦情绪中，你也可以把"同情自己"这个方法介绍给他们，帮助他们自我疗愈。

如果你正在经历极端事件带来的痛苦，请用"同情自己"的方法给自己写一封信。

提示卡片

对异常剧烈或极端情绪的处理
- 行动对抗。
- 同情自己。

人人心中都有一头情绪野兽，如何驯化它，与之和谐相处，是每个人的必修课。

>>> 今日练习 <<<

（1）按照自己的理解总结本节要点（要点提示：行动对抗、同情自己），并记录今日练习的具体时间。

（2）请想一想，你在情绪强烈时会表现出哪些外在征兆？你打算怎样用"行动对抗"它？

（3）今日练习自我评价——认知进步得分（1 2 3 4 5）、技能习得得分（1 2 3 4 5）、实践应用得分（1 2 3 4 5）。

2.16　积累愉悦情绪：定制你的私人专属愉悦清单

当你生活中的积极情绪增多时，你感知到的负面情绪占比自然会减少。所以，你可以主动增加积极情绪的占比，调节自己的情绪状态。知道哪些活动会给你带来积极情绪，对调节情绪而言是一种不可或缺的能力。

你对自己积极情绪的了解足够多吗？

现在请你花些时间，回顾做哪些事会让自己感受到发自内心的愉悦？

体验到积极情绪的途径是多种多样的。有些人在做自己喜欢的事时（如拍照、画画、组装积木等）会感受到愉悦、快乐、满足；有些人在完成挑战或解决难题后（如完成工作挑战、处理某个故障等）会有强烈的快感、喜悦感和价值感；还有些人经常在与人聊天、被人理解时体会到幸福与欢乐。你属于哪一类呢？

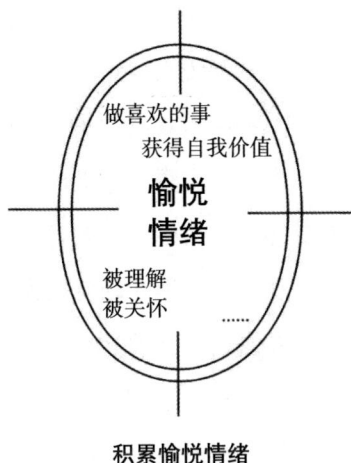

积累愉悦情绪

　　以上几类活动都会促进你体内分泌快乐的激素。当你投入自己喜欢的事中时，你的体内会分泌多巴胺这个快乐激素；当你获得成就、体现自我价值时，你的血清素会大量飙升；而当你在与人互动中感受到被理解时，催产素（男女都有）则会大量释放。如果你清楚使自己愉悦的活动类型，那么你就可以在生活中主动增加这些活动。这样你的积极情绪占比就会提升，你感受到的负面情绪也就变少了。

　　需要注意的是，你在回顾自己的愉悦清单时可能会产生一些矛盾的感受。例如，一位宝妈曾在总结自己的愉悦清单时很难为情地表示，自己每次做完家务都成就感满满且很快乐，但做家务这件事好像微不足道、不值一提。她在我的引导分析下发现，这种没有价值的感觉其实来自一些媒体观念。

她经常在公众号、短视频中看到"女性不要做全职妈妈""女人要有自己的事业阵地"等观点，正是这些观点让她感觉做家务是一件微不足道、不值得欢欣的事。我鼓励她用自我反驳（见 2.10 节的训练内容）和重构意义（见 2.11 节的训练内容）来修正这种情绪感受。当她把这两种感受分开，正视并接受自己真实的愉悦感受时，她才确认做家务就是能让自己感到愉悦的活动。如果你也对某种活动产生了矛盾的情绪感受，那就需要仔细辨认，哪些是你发自内心的原生情绪感受，哪些是受到外在观念或压力影响产生的次生情绪感受。

让人愉悦的活动没有高低贵贱之分，主动积累愉悦情绪是一种积极的情绪管理习惯。你能写出的愉悦活动越多，说明你越懂得如何取悦自己。如果你暂时还不清楚哪些活动能让自己愉悦，也可以先从留意自己的愉悦感受开始，逐步收集愉悦体验。

> **提示卡片**
>
> **积极情绪的活动类型与相应激素**
> - 投入自己喜欢的事。释放多巴胺。
> - 完成挑战，成就自我。释放血清素。
> - 与人互动，被人理解。释放催产素。

让自己快乐是一种很厉害的能力！

为自己列一个专属的愉悦清单吧！

>>> **今日练习** <<<

（1）按照自己的理解总结本节要点（要点提示：愉悦累积），并记录今日练习的具体时间。

（2）请你梳理自己的愉悦清单。

（3）今日练习自我评价——认知进步得分（1 2 3 4 5）、技能习得得分（1 2 3 4 5）、实践应用得分（1 2 3 4 5）。

2.17 重塑情绪体系：4 步重塑你的情绪管理新习惯

今天的练习将汇总之前所有训练，帮助你梳理情绪管理新习惯的思维路径。你可以结合自己的具体情况加以调整，形成最适合自己的情绪管理新体系。

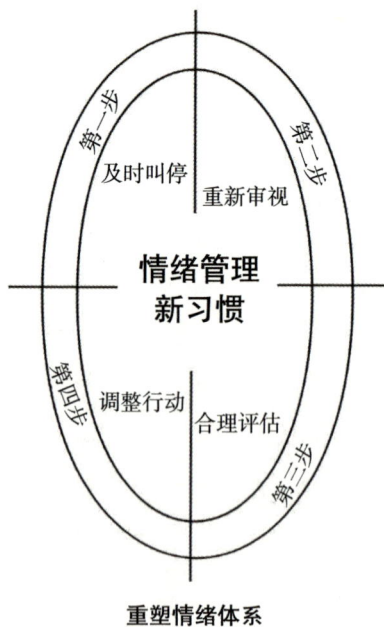

重塑情绪体系

第一步：及时叫停

你可以和自己约定一个只有自己知道的物件或动作，提示自己及时叫停情绪惯性。例如，每次有负面情绪时，你都有意识地让自己摸 5 下领子，或者用手上的橡皮筋弹自己 3 下，或者故意咳嗽 6 下，等等。叫停暗示能及时提醒你打断不良情绪的惯性，帮助你减少无效的情绪管理习惯，加强有益的情绪管理习惯。同时，你需要记录自己的情绪雷区，这样当类似的情绪再次出现时，你才能更快地识别并叫停它。

第二步：重新审视

首先，你需要回答，是否知道自己需要什么或希望发生什么？目前对你来说最重要的是什么？如果你不清楚自己此时此刻的需要，那么调整就无从谈起。只有知道自己想要什么，你才能确定调整的方向。

接着，你可以问自己，事情是怎么触发情绪的？你听到了什么、看到了什么？你是否在这件事上倾注了过多的注意力？这件事是否让你想到了以往的什么经历？这些情绪是否在你的情绪雷区中？你能否用客观的语言描述事情的始末？回答了这些问题，你就能更清醒地对待情绪了。同时，你对这些问题回答得越清晰，就越能理清情绪的头绪。

然后，你可以问自己，对这件事你有哪些联想或想法？其中让你感受到不安的部分是什么？这两个问题能帮助你衡量内心想法和实际情况的距离，从而判断是改变内心观点更方便，还是改变外部事件更方便。

最后，你可以问自己的情绪感受都有什么？哪些是原生情绪？哪些是次生情绪？你的情绪是在哪些感受上被放大和加强的？这些问题能帮助你避免次生情绪进一步损害你的利益。

以上一系列问题能让你更客观、理性地对待情绪，而不是被强烈的情绪带偏，做出冲动或损害自己利益的决策。

第三步：合理评估

你可以问自己的情绪反应是否过于强烈？你的情绪有哪些提示意义？你联想到的观点或解读中是否存在不合理的地方？你已经采取的行动对你更有利，还是更不利？这些问题能帮助你冷静下来，从而对当前形势做出更准确的判断。

第四步：调整行动

经过前面三步，你的情绪应该已经基本冷静下来。这时，你可以更有针对性地使用曾练习过的行动反抗、自我反驳、重构意义、改变姿势、愉悦清单、梳理资源等工具，再次掌控情绪。

提示卡片

情绪管理新习惯四步骤

- 及时叫停——自我约定叫停暗示。
- 重新审视——什么最重要？情绪是怎么发生的？是否是情绪雷区？注意力怎么分配？客观事实是怎样的？有哪些想法或联想？原生、次生感受有哪些？
- 合理评估——反应强度是否合理？情绪的提示意义有哪些？观点是否片面？
- 调整行动——行动反抗、自我反驳、重构意义、改变姿势、愉悦清单、梳理资源等。

以上 4 步就是情绪管理新习惯的思维路径，当你不断练习并重复使用时，你的大脑神经元就会记住这条新路径，你也就越来越熟悉情绪管理新习惯了。

每个人有自己的习惯，你只有找到对自己影响重大的环节，才能形成更适合自己的情绪掌控体系！

>>> **今日练习** <<<

（1）按照自己的理解总结本节要点（要点提示：情绪管理新习惯的思维路径），并记录今日练习的具体时间。

（2）请连续一个月留意自己的任何负面情绪，以它为素材，实践今日练习并加以记录。

（3）今日练习自我评价——认知进步得分（1 2 3 4 5）、技能习得得分（1 2 3 4 5）、实践应用得分（1 2 3 4 5）。

2.18　涵容情绪变动：识别孩子情绪的 3 层含义

青春期孩子的大脑发育尚未成熟，正处于快速发展的阶段。学会应对生活中的挑战是他们获得成长的重要过程。也正因如此，他们才会频频遇到各种问题，受到各种情绪冲击。对于他们来说，内在认知和情感的不稳定是一种常态。只有当他们的不稳定被涵容时，他们的认知、情绪、能力才能得到有效提升。

情绪是人内心的指示器，这一点对于孩子同样适用。不过，相对于成年人而言，孩子还正在学习情绪管理，他们暂时无法充分解读情绪背后的信息和意义，也尚未形成有效的情绪管理体系。因此，他们需要具备情绪管理能力的成年人帮助自己分辨情绪的内涵，教会自己管理情绪的方法。

当孩子出现情绪时，具备涵容能力的家长能够辨别孩子情绪表现背后的深层原因。例如，当你发现孩子在学习上总是拖延时，如果你是情绪涵容能力强的家长，那么你可能会首先意识到孩子在时间管理、计划制定、学科兴趣或其他方面需要被指导。同时，你可能还会根据孩子的个性推测出孩子内心的复杂情感及想法。例如，如果孩子在平时就比较胆怯或谨小慎微，那么你可能会想到"孩子是不是因为信心不足而拖延"；如果孩子在平时对自己要求严格，那么你可能会想到"孩子是不是因为太追求完美而拖延"。总之，涵容能力强的家长能够辨别"孩子在哪些能力上需要指导"，还能根据自家孩子的个性推测"孩子内心可能有哪些复杂的情感及想法"，而不是简单粗暴地认为"孩子故意拖延"，或给孩子打上"懒散""懒惰"的标签。

> **提示卡片**
>
> **情绪涵容能力的体现**
> • 能发现孩子在哪些能力上需要指导。
> • 能推测孩子内心可能有哪些复杂情感及想法。
> • 能识别适用于孩子的方法。

　　一旦你能识别孩子混乱状态背后的深层原因，那么你就可以通过语言探讨或行为示范的方法指导孩子。首先，你可以将事件和你的情绪清晰地告诉孩子。例如，"我看到你好几次都没有按照自己规划的时间完成作业，我感到有些担心。不知道你在这方面是不是有困难需要帮助？你会感到有压力吗？"这样一来，因为你能准确识别并表达自己的情绪，就避免了你和孩子情绪的混杂。这也就意味着你为涵容孩子的状态腾出了心理空间。同时，因为你能用客观的语言描述孩子的状态，那么孩子对自己的情况就有了更清晰的理解，从而能够自主做出一些调整。在这个过程中，孩子还能通过你的语言示范和行动指导，逐渐学会处理问题和管理情绪的具体做法。

提示卡片	涵容的做法	涵容的效果
	• 客观描述事件。	• 避免双方情绪混杂。
	• 描述自我情绪。	• 孩子对自身状态更理解。
	• 邀请表达困难。	• 孩子处理问题、管理情绪的能力提升。

经过前期的练习，我相信你已经具备了情绪涵容的基本能力。养育孩子是对家长全方位的考验。家长在养育孩子的过程中难免有情绪失控的时候，如果你发现自己在某个时刻难以涵容孩子，无法腾出心理空间，就可以用以下方法快速冷却情绪，避免亲子间的情绪激化。

当你和孩子都处于很强烈的情绪中时，你可以直接告诉孩子："爸爸／妈妈现在的状态不适合交流，我需要冷静一下。"然后，你立即离开现场，在自己以前汇集的愉悦清单中找一件事情做，直到自己感觉心平气和为止。等到情绪平复后，你先在一张纸上用客观的语言将刚才情绪失控的整个过程写下来。写完后自己读一遍，你会发现，自己的状态会从文字中表露无遗。这个书写的过程，其实是帮助你整理情绪和思路的过程。因为情绪失控本质上是由头脑中的认知和情感混乱无序导致的，而通过书写，这些混乱无序的认知和情感会被一一梳理清楚。如此一来，你和孩子的情绪就能泾渭分明，不再纠缠，你也就能为全心全意地帮助孩子腾出心理空间了。

> **提示卡片**
>
> **快速冷却激烈情绪的做法**
> 及时叫停，离开现场。
> ↓
> 使用愉悦清单快速平静下来。
> ↓
> 书写事件及情绪失控的过程，检查自身状态。

现在请你回想，孩子某个情绪表现的深层原因是什么？孩子表现出的问题行为或不稳定状态反映了他们的哪些能力不足？他们内心可能有哪些复杂的情感或想法？适用于他们的指导方法可能是怎样的？

怕水的人无法救溺水的人，被情绪牵制的家长也无法给孩子真正的帮助。养育孩子时，安顿好自己的情绪状态至关重要。

>>> 今日练习 <<<

（1）按照自己的理解总结本节要点（要点提示：情绪涵容），并记录今日练习的具体时间。

（2）留意近期的亲子冲突或孩子的问题，分析其中的深层原因。

（3）今日练习自我评价——认知进步得分（1 2 3 4 5）、技能习得得分（1 2 3 4 5）、实践应用得分（1 2 3 4 5）。

2.19　镜映情绪反应：一句话搞定情绪失控的孩子

敏锐地感知情绪变化对人有重要的作用，对青少年更是如此。

青春期孩子无时无刻不在完成他们的成长任务（见第 1 章），他们的大脑也一直处于对周围环境的警觉状态。科学研究发现，对处于激动状态的儿童、青少年、成年人进行大脑扫描，青少年被点亮的情绪脑区明显比其他两个群体更多，他们的情绪脑比其他年龄段的人更活跃。所以，青春期就是一个更容易情绪失控的阶段。

当你发现孩子情绪失控，即将做出冲动反应或决策时，该怎么办呢？

日常经验显示，和情绪失控的孩子讲道理、劝导、惩戒往往收效甚微，有时甚至会引发他们更大的决心或导致亲子矛盾。所以，讲道理、劝导、惩戒都并非明智之举。其实，此刻你无需多言，只用语言说出他们的情绪，就能大大减少他们的情绪冲动。例如，当孩子兴致勃勃且目光坚定地告诉你，他决定以后当游戏主播时，无论你是耐心劝导还是坚决反对，都不是最明智的回应。这些做法只会让他更坚持自我或引发亲子冲突。此时，你只需要说出他的情绪，就足以让他冷静下来。例如，你可以对孩子说："看来你最近对游戏主播这个职业很关注，也很有热情嘛！"看到这里，你可能会怀疑，只说出孩子的情绪真能有这么大的作用吗？的确是这样的。说出情绪这个方法之所以有效，是因为它充分镜映了孩子此刻的情绪感受。而在你的语言镜映中，孩子并没有感觉到你的反对。一旦他发现谈话氛围是包容的，你是允许他有各种感受和想法的，那么他自然更愿意敞开心扉，主动和你探讨。与此类似，如果孩子突然和你说，他经过深思熟虑，决定中断学业，早点挣钱，你无需神经紧张、惶恐不安，只需对他说"看来你对学习和挣钱有了一些自己的想法，对早点挣钱很期待"就可以了。其实，青春期孩子已经具备了思考能力。很多时候，他们语出惊人或做出冲动的决定，只是因为情绪脑太活跃、思维脑被压制了而已。面对情绪正失控的他们，家长只需要用语言镜映出他们此刻的情绪，就可以解除情绪脑对他们大脑的控制，帮助他们重启思维脑。

> **提示卡片**
>
> **镜映冲动情绪**
> 只用语言客观描述出孩子此刻的情绪状态。

现在请想一想，以前孩子和你提到过哪些冲动的想法？你怎样说能镜映他当时的情绪，帮助他启动思维脑？

除了情绪脑在青春期更活跃以外，青少年的社交情况也容易引发他们的情绪波动。

通过第 1 章的内容，你已经知道和朋友社交是青少年成长的重要任务，他们要通过和同龄人交往逐渐找到自己在群体中的位置、获得归属感。相关研究显示，当一个人受到社交排斥时，大脑中被激活的区域与身体感到疼痛时被激活的区域是相同的。可以说，人在社交中遇到排斥或孤立时感到的痛苦，与身体被划伤或割伤时感到的痛苦别无二致。所以，对于孩子而言，社交烦恼引发的情绪不可忽视。

当发现孩子在社交上受挫时，你首先要做且最重要的是理解他们的痛苦。语言镜映的方法有助于你表达对他们的理解。你可以告诉孩子"听到你朋友和你绝交了，我也很难过""如果我的朋友这样做，我可能也会感觉很受伤"……这样感同身受的语言会大大减少孩子的痛苦感。还记得"同情自己"（见 2.15 节的练习）这个方法吗？其实，这两个方法在本质上有一些共通之处。一旦你用语言对孩子的痛苦表示理解，就相当于在告诉他们："你的痛苦，我懂。你并不孤单。"这种语言共情本身就具有强大的治愈力量。

在语言镜映完孩子的社交痛苦后，你还可以邀请孩子对这件事情做一个新的解释。你可以试探着说："你们是不是产生了什么误会？""是因为发生了什么事情吗？"如果孩子愿意继续对话，你就可以引导他用新视角看待这件事。在这个过程中，帮助孩子想办法或消除他和同伴的误会并不是最重要的，最重要的是让孩子感受到你理解他在社交中受伤的感觉，并能够用更温和的解释，避免孩子因社交受挫而否定自己的人格、性格。

> **提示卡片**
>
> **镜映社交情绪**
> - 用语言镜映孩子在社交中的痛苦。
> - 用温和的解释避免孩子攻击自己的人格、性格。

现在请想一想，以前孩子和你谈到过什么社交挫折？当时怎样说可以真正安慰孩子？

人的内在力量是在每次受挫后的情感支持中增强的。你对孩子的每一次情感浇灌，都会变成他们日后挺过难关的力量。

>>> **今日练习** <<<

（1）按照自己的理解总结本节要点（要点提示：镜映情绪），并记录今日练习的具体时间。

（2）以前孩子有过哪些冲动想法？你怎样说能镜映他们当时的情绪？以前孩子和你谈到过什么社交挫折？当时怎样说可以真正安慰到孩子？

（3）今日练习自我评价——认知进步得分（1 2 3 4 5）、技能习得得分（1 2 3 4 5）、实践应用得分（1 2 3 4 5）。

2.20　内化练习：共创家庭成员的情绪管理新习惯

今天是内化练习日。

内化练习会将你有意识的学习转化为无意识的习惯。与他人分享你的所学，你将对所学产生更深刻的理解。请根据先前所学，完成下面的系统练习。

>>> 今日练习 <<<

（1）给孩子和爱人（或好友）分享此前所学，向他们说一说你的改变和收获，并记录你分享的心理过程及他们的反馈。

（2）和家庭成员约定彼此的情绪提示，相互告诉对方，在自己情绪冲动时，对方怎样提示才是有效的。

家庭成员	需要的情绪提示
自己	例如，希望对方说"没事没事，我陪你一起"
孩子	
爱人	
父亲	
母亲	

2.21　整合练习：永远给自己一片情绪自留地

青春期孩子正在经历一场身心上的风暴，陪伴他们安稳度过这场风暴实属不易。当你在养育过程中陷入沮丧或对自己和孩子失望、不满时，不妨大声朗读下面这段话。

天下没有完美的家长。在做家长这件事上，我并非一无是处。相反，我在很多方面还是做得不错的。我刚和孩子互动时情绪不太好，但没关系，这是人之常情，我能调整过来，也能妥善处理。孩子不是我的延伸，他有自己的人生，我能替他决策一时，但不能替他决策一世。有些难关终究需要他自己渡过。孩子是有生命力和智慧的，即使我在养育过程中有一些不足，他也有自己的办法弥补。

家长能涵容自己的情绪，才能更真切地理解孩子。上面这段话会帮助你走出养育的挫败，更宽容地对待自己。宽容自己不仅是关照自己的体现，而且对养育至关重要。因为青春期的风暴终将在你的涵容中逐渐平息。

今天是最后一个练习日，请你完成以下整合练习。

>>> **今日练习** <<<

（1）请想一想，谁是最爱你的人？用他的语气给自己写一封关怀信，用他的口吻肯定自己在这段时间的学习与付出，抚慰自己在这段时间的养育焦虑，以及内心的委屈与悲伤。

_____

_____

_____

_____

（2）用你喜欢的方式（思维导图、漫画等均可）梳理此前所学，并写一份管理自我情绪的计划。

_____

_____

_____

_____

_____

第 3 章

养育过程不犯愁

——沟通新模式 21 天练习

沟通，不只是你说、孩子听。絮絮叨叨或发号施令式的沟通，都说明你和孩子的亲子沟通并不顺畅、高效。想让孩子心悦诚服地接受你说的话，在行动上心甘情愿地按照你说的做，需要一定的技巧与方法。当你明确养育目的后，便会对这些方法无师自通。

在接下来的 21 天练习中，你将更明确亲子沟通的目的，学会识别 10 种不良沟通模式，还会了解如何创建良性的沟通机制。最终，你将能更灵活、更自如从容地应对日常的各种亲子沟通问题。

沟通是实现高质量养育的桥梁，良性机制是顺畅沟通的润滑剂。家长只有找到适合孩子的沟通模式，才能为孩子的成长创造更多新的可能。

3.1　转变旧角色：家长为何总在严厉与放任、溺爱之间摇摆

今天开始练习前，请你先思考一个问题：青春期养育孩子的目的是什么呢？

在线下课中，家长给出了各种各样的回答。有些家长说希望孩子有能养活自己的一技之长；有些家长说想让孩子形成终生受益的好习惯；有些家长说想让孩子取得好成绩，以便未来的人生道路更平坦；还有些家长说想让孩子减少不良行为，保持良好的生活状态。其实，以上家长的回答都只是阶段性的养育目标，并不是最终的养育目的。如果家长不清楚最终的养育目的，就会频频陷入亲子沟通不畅、心力交瘁的困境。

孩子从呱呱落地到长大成人会耗费家长大量的心力，大部分家长在早期养育中已经形成了深度参与的模式。如果你也形成了这种模式，就会发现自己的神经很容易被孩子成绩的起伏、行为的张弛、想法的变动等各种成长细节牵动。在这样的惯性下，你也容易误将这些成长细节当作养育的目的。

直到孩子进入青春期，他们的自我意识猛然增强，对独立自主的需求突然增多，开始有自己的新想法、新主见，家长才发现自己有些措手不及。

有些家长提前查阅了书籍，学习了有关青春期的课程，但还是会发现，自己在孩子青春期真正到来时依然举步维艰，读过的书、学过的课好像都很难付诸实践。

有些家长不能适应孩子在青春期的变化，仍然用深度参与的方式管控孩子的方方面面，结果不仅效果不佳，还造成了孩子和自己的对抗甚至决裂。

有些家长虽然很排斥严厉的养育管教，希望和孩子做朋友，但发现自己和孩子太亲近后，孩子会无视自己的教育，于是被迫给孩子制定各种规则。然而，过不了多久，家长又开始对孩子放松要求。最后经常陷入家庭规章制度自相矛盾或朝令夕改的怪圈，家中孩子对此也很茫然、很迷惑。

还有些家长感觉自己在养育方面无能为力，所以干脆完全让孩子放任自流，有时甚至美其名曰给孩子自由、尊重孩子的个性……

总之，在孩子的青春期到来之后，很多家长在很长一段时间里都难以找到养育的平衡。不仅家长对养育感到不满与苦闷，很多孩子也对接受的养育颇有怨言，双方都认为养育需要调整。

现在请想一想，你的家庭现状与以上哪类情况比较相似？

提示卡片

不良的养育模式
- 难以实践：学习了各种课程，但实际中难以运用。
- 严苛控制：深度参与管教，事无巨细地管控方方面面。
- 朝令夕改：一会儿宽，一会儿严，家庭的规章制度经常变化。
- 放任骄纵：没有规则约束，也没有教育指引，让孩子放任自流。

以上 4 类不良养育模式在有青春期孩子的家庭中很常见。这类困境的出现，其实是家长不清楚养育目的导致的。所以，家长也难以把握严格要求和孩子独立需求之间的平衡。如果你也有这类困难，请先不要慌张、自责，因为这是所有青春期孩子的家长都会面对的挑战，只要你理清青春期孩子的养育目的，一切便会迎刃而解。

如果你阅读了第 1 章的内容，那么你一定已经清楚青春期孩子要完成的成长任务及他们的特点，养育目的就可以脱口而出——青春期的养育目的就是辅助孩子更好地完成成长任务！

现在请你回顾青春期孩子要完成的成长任务有哪些？

正在完成成长任务的青春期孩子就像驾校里正在学开车

的学员，他们的最终目的是要学会开车，能够自己远行。此时的他们经常有自己的想法，总想自己完全掌握方向盘，但在很多方面都不成熟，尤其是不能及时准确识别危险。所以，他们很需要有人辅助自己，而家长就是他们的最佳辅助人员。

对于孩子来说，家长就像经验充足、能理性做出判断、能及时踩下刹车的驾校教练。但遗憾的是，很多家长时常忘记自己的教练身份与辅助责任，陷入养育困惑中。当你发现自己和孩子陷入冲突、各执己见，或者都认为对方不理解、不尊重自己，或者孩子对你紧闭心扉、缄口不言，就说明你没有扮演好教练的角色，没有履行好辅助责任。

提示卡片

养育新角色
教练角色：辅助孩子更顺利地完成青春期的成长任务。

养育青春期孩子，你需要时常提醒自己转变角色，尽心尽力做好副驾教练。你既要能辅助孩子亲自实践学会"开车"，也要能在紧要关头踩下刹车，保障实践中最基本的安全。只有这样，你和孩子才能形成合力，孩子才能真正形成独立自主、自我负责的能力。

现在请思考，作为副驾教练，你在之前的养育中哪些方面做得还不错，哪些方面需要调整？

事事管教或放任自流的"副驾教练"都不能让"学员"最大获益。

怎样和孩子形成合力，最大限度地促进他们成长，是每个"副驾教练"都需要思考的问题。

>>> 今日练习 <<<

（1）根据自己的理解总结本节要点（要点提示：青春期的养育目的、家长的角色）。

（2）请思考自己作为教练在哪些方面做得还不错，哪些方面的管理存在过严或过松的现象。

（3）今日练习评价——认知进步得分（1 2 3 4 5）、技能习得得分（1 2 3 4 5）、实践应用得分（1 2 3 4 5）。

3.2 明确新职责：聪明的家长会让孩子自己管自己

家长对孩子有期望、有要求是无可厚非的，而青春期的孩子强烈需要尊重、平等、独立也是无法否定的事实。你会发现，如果你强硬管教，孩子则会抱怨你不尊重他，没有给他独立的空间。但是，如果你完全信任孩子，给他独立的空间，孩子又时常不遵守约定，难以自我管理，你会经常感到自己的信任被辜负了。那么，到底怎样才能做好副驾教练，平衡好家长的期望和孩子的自主需求，最大限度地促进孩子成长呢？

你需要让孩子对自己负责。

首先，要特别订正的是，尊重孩子、理解他对独立自主的需要并不等于必须同意孩子的所有要求，或者满足他提出的所有需求。如果家长没有厘清这一点，那就会导致养育经常在严厉与放任之间横跳。试想一个学员刚学会开车，拿到驾照，就想带着小伙伴跨省远游，你作为一个负责的教练会允许他这样做吗？你的回答一定是"不会"。但如果你和学员协商约定，他需要自己开车累计一个月没有事故、没有剐蹭，就可以带人远游了，那么大概率他是能接受的。在这个过程中，你既没有放任，也没有管教，学员也实现了他的愿望。其实，这个过程和养育的过程类似。孩子的确有独立自主的需求，但家长既不用一味地同意，也不用全盘否定或一手包办。家长真正需要做的是创设孩子管理自己的良性机制，让孩子在你创设的良性机制中锻炼能力，从而能够真正把握独立自主的权利，在行动及思想上为自己的愿望及需求负责。当你创设了孩子能接受的机制后，他自然会仔细思考自己是否接受协商，以及到底要付出多少时间和努力才能实现愿望。在这个过程中，他也就学会了为自己负责，真正获得了成长。

提示卡片	**错误观点** 　尊重、理解孩子就要同意他的所有要求。	**明确职责** 　创设促进孩子发展的良性机制，提升孩子的能力，让孩子在行动和思想上为自己的愿望及需求负责。

所以，你对孩子有要求和你能尊重、理解他，其实并不矛盾，平衡两者的办法就是帮助孩子创设促进他成长的良性机制，提升孩子的能力，让孩子在行动和思想上为自己的愿望及需求负责。

现在请回顾，你曾无意或有意创设过哪些良性机制促进孩子学会了自我负责？

创设良性机制的养育思路可以运用在孩子各方面的发展中，如时间管理、学习方法、金钱管理、消费习惯、情绪调节等。只要孩子愿意接受你创设的良性机制，他们的思维脑就会自动开始运行，他们也就能全心全意调动潜能，进入学习和思考的状态。在这个过程中，孩子大脑的神经元会变得活跃，并逐渐形成新的神经回路。长此以往，他们就发展出了管理自我、为自己负责的能力。相反，如果你总是事无巨细地操心、控制、唠叨，不仅会让自己心力交瘁，还会激活孩子的负面情绪和本能脑，引起他们的反感。这种做法不仅没有使孩子获得成长，还会威胁你们的亲子关系。

提示卡片

养育之道
- 家长唠叨、控制→孩子负面情绪及本能脑激活→孩子反感。
- 家长创设良性机制→孩子思维脑激活→孩子自我管理，自我负责。

现在请你给自己写一句提示语，提醒自己有意识地用良性机制代替冲突、唠叨等无效的沟通方式。例如，争吵无效，我来想想能用什么成长机制解决问题！

当你想唠叨或者想发火时，你也可以问自己以下 3 个问题。

- 我现在的做法是在创设良性机制吗？
- 我现在的做法能不能促使孩子对自己更负责？
- 我这么做能让孩子的能力得到提升吗？

如果你对这 3 个问题的回答是否定的，说明你需要更换目前的方法，创设良性的养育机制。后续练习中会详细介绍 10 种不良沟通模式及 10 种新角色，帮助家长形成创设良性机制的养育习惯，最大限度地促进亲子合作。总之，如果你能及时为孩子创设良性机制，就会促进他们的思维脑激活，他们也就更能自我管理了。

你养成创设良性机制的习惯之时，就是孩子突飞猛进的成长之日。

>>> 今日练习 <<<

（1）根据自己的理解总结本节要点（要点提示：需要与满足、良性机制）。

（2）给自己写一句简短的话，提醒自己在养育中有意识地创设良性机制。

（3）今日练习评价——认知进步得分（1 2 3 4 5）、技能习得得分（1 2 3 4 5）、实践应用得分（1 2 3 4 5）。

3.3 拓展新思路：会玩"过家家"就能养好娃

在以往的讲座中，时常有家长向我抱怨，他们对孩子讲道理，苦口婆心地劝说，和颜悦色地协商，但孩子总是嘴上答应，行动上却做不到，最后家长总是以怒吼、发火收场。尽管试了各种方法，但都没有作用。作为家长，他们经常感到很茫然。

这些方法真的不管用了吗？

其实不是，这些方法或多或少都曾发挥过作用。例如，在孩子小时候的某个阶段，直接命令就很有效；等孩子长大一些时，商量比命令更有效；有时劝诫可能比说教更有效……总之，那些目前看起来无效的方法在过去肯定是产生过效果的。

为什么现在这些方法的效果不好了呢？

原因很简单：孩子在不断成长，他们的变化日新月异。想要和孩子有持续的良性互动，家长需要和孩子齐步共进。家长只有采用适合孩子的方法交流沟通，才能和孩子同频。其实，每个家长在这方面都是很有潜力的。回想一下，在孩子小时候，你是否曾像智慧老人一样启发和引导他，像分析师一样帮助他透彻地分析问题，或者像保姆一样事无巨细地操心？总之，在孩子的幼年时期，你常常能有耐心地根据孩子的具体情况调整自己的语言，扮演不同的角色辅助他成长。

现在也一样，虽然孩子处于迅速成长的阶段，但他依然是一个心智尚未成熟的孩子，依然需要你的帮助。只不过，你现在需要扮演的角色和过去有所不同。有时，青春期的孩子需要的是指引者，你不需要提供具体的做法或深思熟虑的建议，只需稍加点拨即可；有时他需要的是支持者，无论是精神上的鼓舞，还是口头上的肯定，都能让他重振旗鼓；有时他需要的是协助者，需要你像合作伙伴一样与他并肩同行，相互支持，相互成就；有时他可能还需要你适当示弱，让他感受到自己的能力和力量……所以，你需要扮演什么角色，取决于孩子当前的具体情况与个性。

在养育过程中，没有绝对适用或一成不变的方法。要想真正辅助孩子成长，你需要具备灵活变换角色的能力。无论你扮演什么角色，其实都是在当好"副驾教练"，为孩子创设促进成长的良性机制。

现在请想一想，你最满意自己的哪个养育角色？具体是怎样做的？

> **养育孩子的新思路**
>   孩子的变化日新月异，想要和他有持续的良性互动与顺畅沟通，家长需要和孩子齐步共进，用适合他当前情况与个性的角色交流共处。

提示卡片

　　以上灵活变换角色的养育理念，其实是一种成长型思维方式。无论是养育方式，还是沟通模式，都是一种习惯。越是习惯的行为，对应的神经就越发达。这意味着你之所以总是重复现在的养育方式和沟通模式，都是因为你大脑中某类神经非常发达。然而，任何习惯都可以矫正，新习惯也可以形成。当你开始尝试一种新的养育习惯或沟通方式时，你的大脑内就会生长出新的神经元。通过刻意练习和重复这些新习惯，新的神经元会越来越强壮。与此同时，因为你减少了旧习惯的重复，旧习惯对应的神经元就会慢慢退化。直到新习惯对应的神经元完全顶替旧习惯对应的神经元时，你就养成了新习惯。所以，即使你发现现在的养育模式、沟通方式并不理想，只要你愿意尝试新方法并坚持重复练习，你都是可以完全改变的。因此，也请相信，通过 21 天的持续练习，你会形成新的沟通习惯。

> **提示卡片**
>
> **成长型思维**
> - 你越重复当前的沟通模式，你大脑中对应的神经就越发达，越难以改变。
> - 你尝试新沟通方式，你的大脑中会生长出新的神经元。越练习，新的神经元就越强壮。新沟通方式对应的神经元更发达，旧沟通方式对应的神经元退化，你就养成了新习惯。

养育没有万能的公式，但你可做"以不变应万变，顺势而为"的探索者。

- 不变：始终明确养育的目的是让孩子能独立自主、为自己的生活负责。
- 顺势：结合孩子的个性和具体情况创设最有利的良性机制。

── >>> **今日练习** <<< ──

（1）根据自己的理解总结本节要点（要点提示：灵活角色）。

（2）近期你因为什么和孩子交流不畅？原本你扮演了什么角色？如果可以优化，你会扮演什么角色或怎样创设良性机制帮助孩子实现成长？

（3）今日练习评价——认知进步得分（1 2 3 4 5）、技能习得得分（1 2 3 4 5）、实践应用得分（1 2 3 4 5）。

3.4　从挑剔者到指示者：为什么你一开口，孩子就不耐烦

与孩子沟通是为了让他更好地成长，但有一些角色却会成为亲子沟通路上的绊脚石。

从今天起，你将逐一了解 10 种常见的不良沟通角色，并学习每种不良角色的调整办法，这会帮助你在养育过程中及时识别不良模式并有效地加以改变。

请先想一想，你和孩子通常在哪些事、哪些方面沟通不畅？你会用什么词语概括孩子相应的表现呢？词语数量不限。写完后，请你区分出正向词语和负向词语。

其实，不论你写的哪类词语更多，这些词语都是你在不自觉间给孩子贴上的惯常标签。贴标签是归整物品的高效方法，但对成长中的孩子来说，却会产生很大的副作用。

负面标签的消极影响是显而易见的。任何人如果长期听到别人对自己的消极评价和负面标签，即使内心再强大，久而久之也会陷入自我怀疑或否定，青春期孩子更是如此。对

孩子而言，他们的评价体系就是由老师和家长这些权威人物组成的，所以你给孩子的标签对他有着不可估量的影响。青春期孩子对自己的认识还处于形成阶段，而你对他的持续负面评价或标签会让他产生强烈的自我否定感，甚至会导致他内心产生强烈的自我攻击。他可能会认为自己不够好、没有能力，最终导致自暴自弃、破罐子破摔。试想一下，当你做任何事情时，身边总有一个挑剔者对你说"这没做好，那也不行""这还要改，那还要修"，你会对自己有信心或产生肯定的评价吗？很难。这些挑剔的话只会打击你的信心，却无法提供任何有建设性的指导。要知道，一个人愿意改变、愿意变得更好的前提是他拥有"虽然我有缺点，但好的比坏的多，我有能力和信心改正"这样的信念。如果一个人深陷泥泞，他是很难笃定自信地迎难而上的。所以，不要成为孩子生活中的挑剔者。因为挑剔者不仅无法为孩子指明改进方向，还会直接破坏你与孩子的关系，让孩子对你心生抵触或疏远。

提示卡片

不良角色

挑剔者

↓

没有指明方向＋打击孩子信心

↓

亲子关系变差＋孩子自我否定

如果过去你经常在亲子关系中扮演挑剔者的角色，那么你该如何转变角色呢？

首先，你需要主动留意孩子表现出的例外事件，并用客观的语言记录下来。例如，如果你之前认为孩子总是拖沓、不自律，那么现在你就要主动留意他在生活中不拖沓、自律的行为，一旦发现这类行为，就及时记下来。通过这种方式，你可能会发现，孩子"在写作业时会拖延，但在打网游时从不拖延""在背课文时不太自律，但在叠被子时很自律""在学数学时不容易专注，但在画画时很容易专注"。这些都是与你脑海中负面标签不一致的例外情况。然后，你可以问自己：作为孩子的教练，如何创设良性机制让孩子在写作业、背课文等情景中，也表现出自律、不拖沓的好行为？通过这样的自问自答，你的关注点就转向了对良性机制的思考，而不是停留在不满的挑剔情绪上。

此外，你还可以扮演指示者的角色，直接、简明地指出孩子已完成的和待完成的部分，以此代替负面评价促进他的行动。例如，作为挑剔者，你可能会说："你太磨叽了！都这么长时间了，英语单词还没背，物理也没写！"而作为指示者，你就可以这样说："语文、数学、生物，你都已经全部完成，只剩下背单词和物理的练习了。"挑剔者还可能会说："你太磨蹭了！这么长时间，你只擦了桌子！赶快叠被子、收衣服！"而指示者则会说："你已经收拾了桌子，只剩下被子和衣服了。"你的指示语言越像高速公路的指示牌一样简单、明确（例如，北京 120km），你对孩子的提示就越有效。因为指示者的语言不包含情绪成分，所以不仅能直接给孩子做出清晰的指示提醒，还会大大减少孩子因情绪冲击而与你对抗的可能。

提示卡片	新角色 指示者 ↓ 直接指明方向 + 不评价孩子 ↓ 减少对抗 + 促使改进	做法 　　直接指出已完成的和待完成的，创设促进行动的机制。例如，"语文、数学、生物，你都已经全部完成，只剩下背单词和物理的练习了""你已经收拾了桌子，只剩下被子和衣服了"。

你还可以主动探索其他方法替换掉挑剔者的角色。

总之，你要记住自己的目的是帮助孩子改进不足、促进行动，而不是让孩子难为情。挑剔确实会让孩子难受，但对于改进毫无作用。

———— >>> 今日练习 <<< ————

（1）根据自己的理解总结本节要点（要点提示：挑剔者、指示者）。

（2）你经常在哪些方面扮演挑剔者？如何用指示者

的角色和语言代替？

（3）自问自答：今日和孩子的互动交流中，自己主动创设良性机制的比例是多少？

（4）今日练习评价——认知进步得分（1 2 3 4 5）、技能习得得分（1 2 3 4 5）、实践应用得分（1 2 3 4 5）。

3.5　从诱惑者到欣赏者：为什么孩子对你的夸赞毫不领情

　　了解负面标签与挑剔对孩子的消极影响后，你可能想尝试用尽量夸赞和肯定的方法让孩子成长。如果你真的这样做了，那你将会大失所望。因为你会发现，这样不仅不奏效，有时还会引发孩子的不屑与反感。

　　难道夸赞也不行吗？

　　其实，就像前文提到的，贴标签是归整物品的高效方法，但对于成长中的孩子来说，不论是正面还是负面的标签，都会产生很大的副作用。

　　任何父母对孩子都是有期待的。不论你将期待强烈地表现出来，还是含蓄地暗示表达，孩子都能敏锐地感受到。事实上，当孩子听到你说"你真棒""你绝对没问题""我相信你不会让我失望"这类话语时，他们最先感受到的是一种压力，这种压力的根源就是你无意识间表露的期待。人在听到笼统概括的肯定、赞扬时都会本能地回避，因为这些赞扬会让听者认为对方想让自己按照他们的期待做才这样说的。与此类似，在生活中，当你听到同事夸你"真优秀呀"，大部分人的第一反应可能都会说"没有没有"，这其实就是在担心夸赞背后的过度期待。孩子也一样，他们对这种感觉更敏感。在青春期孩子的眼中，给自己戴"大帽子"的人并不一定是真心欣赏和肯定自己，这些人可能只是诱惑者，只想用"大帽子"诱惑自己表现得更符合他们的期待而已。所以，你会发现，你的肯定与夸赞对青春期孩子并不奏效。而且，给孩子"戴高帽"可能还会干扰孩子对自己的认识，使孩子对自己的真实能力陷入不确定及怀疑中。因为笼统概括的肯定通常把事情的结果直接和对人的评价混在一起，孩子会难以分清哪些是你对事情的评价、哪些是你对他们个人的评价。长此以往，他们不仅没能巩固自己的能力，还容易将别人对结果的评价等同于别人对自己的看法，导致过于依赖别人的评价而无法相信自己，或者总是害怕因出错而被指责。如果你发现，你用"太棒了""你太优秀了"这类语言表扬孩子时，孩子反而用"切""咦"这类不屑一顾的语言回应你，或者表现出回避、抵触，甚至反感，那就说明你的夸赞在孩子看来只是一种诱惑，并没有让孩子认识到自己的能力，也没有帮助孩子形成真正的自信。

不良角色

诱惑者

↓

笼统赞美 + 把对事的评价和对人的评价混在一起

↓

孩子反感 + 没巩固能力 + 过于依赖别人的评价

提示卡片

因此，不论是上一节提到的负面标签，还是本节提到的正面标签，都在限制孩子的发展。负面标签的潜台词是"因为你有某些表现，所以我不接受你"，正面标签的潜台词是"我只接受你身上的某些表现，不接受其他"。这两者本质上都在说同一件事，就是"我不接受完整的、真正的你"。

现在，请你想一想，自己的哪些行为肯定是一种伪装的诱惑？

如何调整诱惑者的角色，让孩子认识到自己的能力、建立真正的自信呢？如何创设良性机制让孩子不过于依赖别人的评价，而是自发地想成长呢？

其实，你只需要在语言和角色上稍做调整就可以实现。

每个家长对孩子都有期待，你对孩子有期待也是无可厚非的。唯一需要注意的是，你不需要用诱惑者的方式隐藏自己的期待。相反，你可以大方地用欣赏者的姿态，将自己的期待和孩子具有的能力用语言传递给孩子。例如，你看到孩子最近进步了，希望孩子保持状态继续努力，那么你只需要把"我儿子/闺女真不错，太优秀了"换成"你最近在这门课上很努力，还用默写的方式帮助自己背诵，真不错"就可以了。同样，你还可以把"你是最棒的"换成"我看到你仔细做归纳，还用思维导图帮助自己理解，你真棒"，或者把"真听话、真乖"换成"你刚生气了，但这次你能用语言说出自己的感觉，并没有摔东西，你真棒"等。这样的夸赞会把孩子做事所用的具体做法描述出来，孩子就能确认你是真的看到了他的努力、认可他的闪光点，他也才能知道自己是用了哪些方法把事情做好的，才能确信自己的能力、对自己产生真正的信心。如果你能经常使用欣赏者的语言肯定孩子，就给孩子创设了一种反馈的良性机制。这个反馈的机制能让孩子确认自己的能力，体会到自我效能。因此，孩子后续的进取与努力就更多是出于自己的意愿，而不是别人评价的压力。

现在请想一想，你会如何在生活中用欣赏者的语言代替诱惑者的语言？

提示卡片	新角色 欣赏者 ↓ 直接传达家长期待、肯定孩子的能力 ↓ 孩子确认自己的能力＋形成自信	做法 　　将你的期待和孩子具有的能力用语言传递给孩子，创设促进自发上进的机制。例如，"你最近在这门课上很努力，还用默写的方式帮助自己背诵，真不错""我看到你仔细做归纳，还用思维导图帮助自己理解，你真棒"。

滋养孩子最好的养料，就是你发自内心的欣赏的目光。

>>> **今日练习** <<<

（1）根据自己的理解总结本节要点（要点提示：诱惑者、欣赏者）。

（2）使用欣赏者的语言替换诱惑者的语言，在某件孩子做得不错的事上创设良性机制，并观察记录孩子的反应。

（3）自问自答：今日和孩子的互动交流中，自己主动创设良性机制的比例是多少？

（4）今日练习评价——认知进步得分（1 2 3 4 5）、技能习得得分（1 2 3 4 5）、实践应用得分（1 2 3 4 5）。

3.6 案例练习：怎么应对教育孩子时情绪总失控

今天是案例练习日。

1.案例练习。以下困惑多次被家长提及，请你尝试根据所学进行分析，并写出你的具体解决办法。

每次教育孩子都会情绪失控，失去自我，愤怒油然而生，像恶魔附体。打完孩子，我心里又会自责，经常一晚一晚地睡不着觉。孩子童年的确不快乐，一切都是以学习为中心，我也在心里劝过自己，孩子健康快乐很重要，但还是很在意孩子的成绩。该如何在孩子的学习方面控制自己的情绪，避免失控呢？

_____

_____

_____

_____

_____

_____

参考办法

首先，你可以觉察自己的内在想法及感受，并为自己制定相关提示，避免冲动情绪再次发生。接着，你可以思考哪类新角色能够促进孩子自我管理，减轻自己的压力。最后，你还可以主动和孩子探讨自己的担忧和期望，一起探讨双方都乐意使用的新沟通方式。

2.**角色应用。**将你在这段时间使用新角色的过程记录下来，并记录你使用新角色、新沟通模式后孩子的反应。

3.7　案例练习：孩子总拖沓，催促也无效，家长怎么办

今天是案例练习日。

1. 案例练习。以下困惑多次被家长提及，请你尝试根据所学进行分析，并写出你的具体解决办法。

孩子每天上学总是拖沓，经常迟到，每天都需要多次催促，但依然磨磨唧唧。我们为此很苦恼，经常为此心烦，有时还会因为他上学磨蹭的问题发火。我们家长可以怎么处理这个问题？

_____

_____

_____

_____

_____

_____

_____

参考办法

首先，你可以思考在这件事中自己和孩子扮演了怎样的角色，维持了怎样的关系，同时分析这种角色关系怎样阻碍了孩子的自我负责。然后，你可以想一想，孩子经常拖沓的根本原因，以及他可能遇到的困难。最后，你可以想一想，如何扮演新角色或创设新机制，帮孩子自我负责或增进亲子沟通。

2. 角色应用。将你在这段时间使用新角色的过程记录下来，并记录你使用新角色、新沟通模式后孩子的反应。

3.8　从惩罚者到奖励者：为什么你越惩罚，孩子越不听话

你是否曾使用惩罚、威胁的手段，期望孩子有更好的表现？当你希望孩子按时完成作业或对学业更上进时，你是否说过"再不按时完成作业，就没收你的手机""下次再没进步，篮球兴趣班就别去了"这类话？如果你这样说过，那么你应该已经发现，这些惩罚通常只有短暂的效果，而且还经常会引发孩子和你针锋相对的争吵。

现在请回想某次你扮演惩罚者的教育中，具体情况是怎样的？

人人都喜欢被奖励。无论是物质回报，还是精神肯定，都能激发人的动力。青春期孩子更是如此。

青春期孩子的大脑发育尚未成熟，很容易受到情感脑的驱动，产生强烈的情绪。而情感脑与人的感知奖励的系统是紧密相连的，一旦人的感知奖励的系统得到刺激，大脑就会释放各类神经递质加强情感脑的积极情绪，鼓励你继续行动

以获得奖励。对青少年来说，喜欢奖励、抗拒惩罚是他们非常明显的特点。当你在亲子沟通中扮演惩罚者的角色时，不仅会推远你和孩子的心理距离、破坏亲子关系，还会无形中给孩子提供与你争辩的机会。例如，当你说"再不按时完成作业就没收你的手机"时，孩子可能会用"手机上有老师发的题，我在用手机看题"的理由辩解；当你说"下次再没进步，篮球兴趣班就别去"时，孩子则会用"别人在进步，我努力了也不一定能进步，这和篮球班没关系"来反驳……总之，孩子总能找出各种理由反对你设定的惩罚，接着你们就会陷入无休止、无意义的口舌之争中。最终，这样做的结果通常是不仅你很生气烦躁，孩子也心有不甘或不满。在养育过程中使用惩罚者角色的最大弊端在于，即使孩子接受了你设定的惩罚，他也并非发自内心地为自己行动与努力，他依然是在为你的要求而行动，并没有形成内在的自驱力。

> **提示卡片**
>
> **不良角色**
> 惩罚者
> ↓
> 剥夺已有的权利、物质
> ↓
> 亲子冲突 + 孩子自驱力低

　　想让孩子有更多内在的自驱力，让他为自己而学、为自己而干，你需要遵循青春期孩子的特点，做一个聪明的奖励者。当你能够有效利用青春期孩子喜欢奖励的特点，创设促进发展的良性机制时，不仅能有效提升孩子的自主性与内驱力，还能大大减少你们的亲子冲突。例如，当你希望孩子按时完成作业时，你可以说"9 点前完成作业，可以玩半小时手机"；当孩子考试成绩不佳时，你希望他对学习更上心，可以说"下次考试进步 5 名，我们就续报篮球兴趣班"……总之，当你能找准孩子最喜欢、最在乎的奖励，并以此创设有促进作用的良性机制时，孩子通常会很快与你达成合作。这样一来，你们就不会再陷入无意义的口舌之争中了，孩子也会自动转向"我该怎么做才能得到奖励"的思考和行动中。

需要提醒的是，由于青少年体内睾丸激素（男女都有）分泌增加，他们会格外在意别人对自己的尊重程度，所以惩罚还会有直接引起他们反感愤怒的风险。例如，有时你会发现，自己只是简单地提醒孩子"快 8 点了，赶紧去写作业吧"，也会引发孩子的反感情绪。这就是因为他们正处于对尊重格外在意的年龄，你的善意提醒在他们听来有可能变成了指挥和控制。一旦他们的对抗情绪增强，情绪脑就会更活跃，思维脑的活动则会下降，这样他们就没办法理智思考、积极行动了。所以，你和孩子沟通的语气非常重要，否则很容易因为语气不当引发不必要的摩擦，导致双方的精力和时间都浪费在毫无意义的争辩上。

现在请你想一想，孩子最喜欢、最在乎的奖励有哪些？

之前你的哪些惩罚类教导可以利用奖励让孩子进入良性循环?

提示卡片	新角色 奖励者 ↓ 找准喜好，达成合作 ↓ 减少冲突＋孩子思考获得奖励的做法	做法 　　找准孩子最喜欢、最在乎的奖励，创设促使进步的良性机制。例如，"9 点前完成作业，可以玩半小时手机""下次考试进步 5 名，我们就续报篮球兴趣班"。

　　要实现春风化雨的教育，因势利导、循循善诱是不可或缺的技能。

>>> 今日练习 <<<

　　（1）根据自己的理解总结本节要点（要点提示：惩罚者、奖励者）。

　　（2）使用奖励者的语言替换惩罚者的语言，在孩子做的某件事上创设良性的机制。

　　（3）自问自答：今日和孩子的互动交流中，自己主动创设良性机制的比例是多少?

　　（4）今日练习评价——认知进步得分（1 2 3 4 5）、技能习得得分（1 2 3 4 5）、实践应用得分（1 2 3 4 5）。

3.9　从唠叨者到共事者：为什么你反复说，孩子还当耳旁风

并非所有奖励都能吸引孩子合作。当你好言相劝，但孩子依然不配合时，你可能会忍不住想重新使用唠叨、惩罚的旧方法。为了避免这种情况，你可以尝试扮演共事者的角色。扮演这个角色能有效弥补奖励法的不足，同时避免你再次陷入无效的沟通模式。

现在请想一想，你是否曾因好言相劝不奏效而改用惩罚威胁、反复唠叨的方式？后来事情是怎样发展的？

青春期孩子和家长的关系，与领导和员工的关系十分相似。家长从长远角度为孩子考虑，所以对孩子有要求；而领导要考虑全局发展，也会对员工有要求。同时，孩子有自己的个性与想法，需要自主空间和希望被尊重，这与员工有自己的个性和想法类似。无论是领导和员工的关系，还是家长和孩子的关系，本质上都是合作共处的关系，只有双方相互合作才能实现共赢。

那么，家长怎样做才能更好地与孩子达成合作，实现共赢呢？共事者这个角色可能会给你一些启发。

从上一节你已经了解到，敏感的青春期孩子很容易从家长的话语中感受到支配与控制。当孩子认为自己受到支配与控制时，通常只有两种做法：要么通过语言争辩来对抗，要么默不作声地屏蔽。以下话语是否经常会出现在你家呢？

"我说过很多遍了，错了再改，很浪费时间！你咋不能写的时候就认真点呢？"

"每次都拖到这个时间，你能不能写快点？都 10:00 了，还睡不睡觉？"

"都叫你 3 遍了，你咋还不起床？"

……

如果类似的话语在你家司空见惯，而孩子对这些话既不回应，也没有任何行动，那么这些话大概率是被他直接屏蔽了。最后的结局通常是家长感觉自己说了很多遍，已经开始有些不耐烦，但孩子依然我行我素，丝毫不理睬。家长的反复提醒被孩子当作耳旁风。然而，你冷静下来就会发现，无论是学习、作息、时间管理，还是其他任务，都应该是孩子自己操心、自我负责的事。但经过你的反复提醒后，孩子却越来越不负责，你却越来越为这些事操心。本应是"谁的事，谁着急；谁的事，谁操心"，你却不知不觉承担了孩子应负的责任，成了最着急、最操心的人，而孩子既没有承担责任，还失去了自我负责的意识。

> **提示卡片**
>
> **不良角色**
> 唠叨者
> ↓
> 反复规劝、督促
> ↓
> 家长承担责任、着急上火 + 孩子不负责、漠不关心

想要把原本属于孩子的责任还给孩子，让他学会自我负责，你需要做一个只做自己分内事的共事者。你回想自己和同事、领导的相处原则会发现，每个人各司其职才能更好地合作共事。你和孩子也可以遵循这个原则，实现共赢。前提是你需要分清楚哪些是孩子的责任，哪些是你的责任。

"说过很多遍了，错了再改，很浪费时间！你咋不能写的时候就认真点呢？"这句话是你在为浪费时间感到不值，但孩子需要为自己的学习时间负责。是一遍遍改划算，还是一次性完成更划算，应该是孩子自己需要考虑的事。

"每次都拖到这个时间，你能不能写快点？都 10∶00 了，还睡不睡觉？"这句话的背后是你担忧孩子耽误了休息，但孩子需要为自己的作息负责。到底是快点写完后早点睡，还是慢慢磨蹭，到很晚才睡，也应该是他自己需要评估的事。

"都叫你 3 遍了，你咋还不起床？"这句话是你在为孩子的迟到担心，但到底按时到校，还是迟到被批评，也应该是孩子自己需要考虑的后果。

一旦分清自己与孩子各自的职责，你就会清楚地意识到，你们有各自的责任和权利。双方在享受某种权利的同时，也要承担相应的义务或代价才能更好地合作。因此，作为共事者，你可以这样说："今天我时间有限，只能检查一遍，错 3 个以上，我就不能给你签字了""家里晚上 10：30 会准时熄灯""明天晚于 7：00 起床，我就不能开车送你了"。这样的表达明确了你和孩子双方各自的权利和义务。无论是照明、检查签字，还是开车送孩子，都是你提供给孩子的额外便利，而不是你的义务（类似于"我们 5：00 下班，文件要是在5：10 还没到，我就不能给你上传了"）。所以，当孩子想要享受你提供的这些额外便利时，他就需要衡量自己的利益与需求的优先顺序。当孩子知道 10：30 会准时熄灯时，他自然就要衡量，抓紧时间在 10：30 之前完成作业是否对自己最有利；当孩子知道错 3 个以上你就不签字时，他自然就要衡量更仔细地完成作业直接得到你的签字划算，还是第二天因没有签字而被老师批评划算；当孩子知道晚于 7：00 起床就没人送自己去学校时，他自然就要衡量搭便车是否对自己最有利。

共事者的说话方式之所以有效，是因为这些话与孩子自身的利益直接相关，并且清楚地说明了孩子享受权利时需要承担的义务或代价。这样会促使孩子重新评估自己的需求，衡量自己利益的优先顺序。因为孩子的行为调整是自愿发生的，那么他自然会对自己的事更上心、更负责。这个过程既避免了孩子将你的反复提醒当作耳旁风，也创设了良性机制，把孩子应当承担的责任交还给他，让他学会自我负责。作为家长，你也无须再因替孩子承担责任而着急上火了。

现在请想一想，对于某个亲子间的困扰，如果作为共事者，你可以怎样说，从而促进孩子自我管理，与孩子达成合作？

提示卡片	新角色 共事者 ↓ 厘清双方各自的权利和义务 ↓ 划分清楚责任＋孩子自我负责	做法 　　厘清各自的权利和义务，说清对方享受权利时需要承担的义务或代价，创设自我负责的良性机制。例如，"我只能检查一遍，错 3 个以上，我就不能给你签字了""家里晚上 10：30 会准时熄灯"。

需要注意的是，一开始你可能不习惯共事者的角色，可能会不自觉地使用惩罚性语言。例如，"你早上再这么磨磨蹭蹭，以后我就不给你做早饭了""到 10：00 还写不完，以后我就不给你签字了"。其实，这些话就是一种惩罚威胁。为了避

免这类话脱口而出，你可以在说话前问自己会不会这样对领导或同事说话。如果答案是否定的，说明你说这些话就是在惩罚威胁孩子。惩罚威胁只会起到伤害和报复的作用，并不能促使孩子形成自我负责的良性循环。

　　互相尊重、合作共赢的养育方法，就存在于日常的亲子言行中。

>>> 今日练习 <<<

　　（1）根据自己的理解总结本节要点（要点提示：唠叨者、共事者）。

　　（2）尝试利用今日的共事者角色解决一个一直让你困扰的亲子问题，将所要说的话及过程记录下来。

　　（3）自问自答：今日和孩子的互动交流中，自己主动创设良性机制的比例是多少？

　　（4）今日练习评价——认知进步得分（1 2 3 4 5）、技能习得得分（1 2 3 4 5）、实践应用得分（1 2 3 4 5）。

3.10　从制止者到设计者：为什么你越不让干，孩子越要干

当"冒险""冲动""青少年"这 3 个词同时出现时，大部分家长都会蹙起眉头。

现在请想一想，你同时看到这 3 个词时有哪些联想？

大多数家长会联想到负面事件，如抽烟、喝酒、逃课、打群架、交不良朋友等。

但真相是冲动、冒险并不一定与负面事件挂钩。事实上，人类所有的新尝试、新探索都包含冲动与冒险的成分。而冒险的结果可能是负面的，也可能是正面的。你仔细想想会发现，无论是孩子尝试学习新乐器，还是竞选班干部，其实都需要冒险。当孩子学习新乐器时，他可能会经历挫折、自我怀疑、自尊心受伤等负面体验，但也有可能因掌握新乐器而变得更自信、体验到成就感、体会到新领域的新鲜感等；当孩子尝试竞选班干部时，他可能得到同学的拥护、老师的肯定、成功当选等正面结果，也有可能体验到忘词、自责、票

数寥寥无几、自我否定等负面结果。所以，只要是经历新尝试、新体验，都是有挫败风险的。家长之所以对冒险心生排斥，是因为他们把青春期孩子的冒险、经历新体验，片面地理解成纹身、抽烟、逃课等行为，从而对冒险感到恐惧。对冒险和新体验心怀恐惧的家长常常会草木皆兵，在孩子的各方面扮演制止者的角色。一旦遇到孩子感兴趣但自己不太懂的活动，家长就想制止孩子。例如，制止孩子参加漫展、制止孩子与异性交友、制止孩子喜欢二次元、制止孩子收藏古卡等。但是，真正制止后，家长又会发现自己的制止并没有带来一劳永逸，让自己放松。相反，自己的内心仍然充满忧虑，担心孩子在自己看不见的地方做危险的事。与此同时，被制止的孩子往往会偷偷地用更隐秘的方式继续他们的兴趣。

提示卡片

不良角色

制止者

↓

理解片面，禁止任何冒险、带来新鲜感的活动

↓

家长忧虑重重 + 孩子的活动更隐秘

　　到底怎样做，才能既满足青春期孩子对新体验的追求，又消除家长的担忧呢？答案就在冒险中。

　　青春期孩子并非对负面冒险孜孜不倦，他们想要的其实只是新鲜感。因此，你可以利用冒险的双面性，有意识地为

孩子设计更多能力、技能和体验上的冒险，让孩子在积极、亲社会的领域满足对新鲜感的追求。例如，你可以鼓励孩子尝试竞选班干部，让他在自信心、说服力方面挑战自我；你也可以鼓励孩子学习攀岩、滑雪等新技能，让他在运动能力方面冒险；你还可以鼓励孩子参与社会公益活动，让他在人际交往方面获得新体验……以上活动都是具有更多正面风险的冒险，不仅能让孩子得到更丰富的认知或更深刻的体验，还能避免负面冒险带来的身心伤害。这样一来，孩子寻求新体验、新刺激的本能冲动得到了释放，家长也消除了对冒险活动的担心。

现在请你想一想，自己孩子适合用哪类活动释放寻求新刺激的本能冲动？你会怎样设计良性机制让孩子进行有正面风险的活动？

提示卡片	新角色	做法
	设计者 ↓ 有意设计能力、技能和体验上的冒险 ↓ 消除家长的担心 + 释放孩子的冲动	看到冒险活动的两面性，有意识地为孩子设计能力、技能和体验上的冒险，创设能带来有益经验的良性机制。例如，鼓励孩子尝试竞选班干部，鼓励孩子学习新技能、新运动，鼓励孩子参与社会活动。

青少年追求新刺激是一种本能，一味担忧和制止只会让他们的活动更隐蔽。

>>> 今日练习 <<<

（1）根据自己的理解总结本节要点（要点提示：制止者、设计者）。

（2）尝试使用新角色，为孩子设计一个合适的冒险体验。

（3）自问自答：今日和孩子的互动交流中，自己主动创设良性机制的比例是多少？

（4）今日练习评价——认知进步得分（1 2 3 4 5）、技能习得得分（1 2 3 4 5）、实践应用得分（1 2 3 4 5）。

3.11 从代劳者到辅助者：为什么你操碎心，孩子却没长进

从孩子小时候起，大多数家长就对孩子进行全方位的照顾。长此以往，家长形成了深度参与孩子生活的模式，习惯了做一个事事操心、大包大揽的代劳者。随着孩子一天天长大，代劳者家长开始发现，孩子的自我负责意识和能力都很弱，自己也常因孩子不够独立而与他产生矛盾。尽管孩子进入青春期后，一些习惯代劳的家长已经有意识地调整了养育方法，但无可奈何的是调整似乎太过突然，孩子并不能一下子接受和适应这样的转变。最终，家中的调整往往无疾而终，不了了之。

现在请想一想，孩子在哪类事情上习惯了你的代劳，因而迟迟无法在这类事情上独立自理？

<table>
<tr><td rowspan="1">提示卡片</td><td>不良角色
代劳者
↓
家长习惯代劳，孩子习惯被包办
↓
家长想调整，但孩子不配合</td></tr>
</table>

　　出现调整无果的情况，其实是因为孩子已经习惯了家长代劳包办的模式，习惯了不担责任、不经思考、无需行动就能直接获得好处的生活。而你的突然转变与调整，意味着孩子必须开始自力更生、付出努力才能得到与之前一样的生活，孩子自然不愿意接受。如果你发现调整养育方式、给予孩子更多的独立自主机会后，孩子却用耍无赖、央求、对抗等方式抗拒配合，就说明孩子已经习惯从包办中获益。这些不配合的反应，其实是孩子在试探你改变的决心。一旦孩子发现央求或反抗会让你心软并恢复代劳模式，他就会认定你的改变只是说说而已，并继续使用这些手段控制你，以便继续享受你代劳带来的种种便利。因此，如果你曾经长期扮演代劳者，孩子也习惯了不劳而获，那么在调整养育方式前，你需要做好会遇到强劲阻挠的心理准备。

　　怎样才能从代劳者的角色解脱，让孩子适应自我负责的模式呢？

　　首先，你需要检视自己对规则的认识。如果你发现自己和孩子商定好规则后，孩子一央求或反抗，自己就会迟疑甚至改口，就说明你内心对这些商定好的规则并没有那么坚定。只要你对规则的认同不够坚定，那么孩子的试探自然就会动摇你的决定。这类似于公司明确要求不能迟到早退，但如果你发现迟到早退也无妨，那么你自然就会放任自己不遵守规则。孩子也一样，一旦他发现你对遵守某些规则并不坚持，他自然就会想办法打破规则以满足自己的需求。所以，如果你发现自己对亲子之间约定的规则总是变卦，这可能并不完全是孩子的错。孩子可能只是敏锐地发现了你内心的犹疑，用试探打破了你内心的坚持。因此，你内心对规则的认同和认可程度，决定了你的坚决与坚持程度。除了检视自己对规则的认识，你还需要思考自己是否有"担心坚持规则会让孩子不再亲近自己"这类想法。如果你有这类想法，就需要利用情绪部分的练习，深度剖析产生这类想法的根本原因。

接着，你可以尝试扮演辅助者的角色，通过制定循序渐进的规则，帮助孩子慢慢肩负起属于他的责任。当孩子用央求、耍无赖等方式试探你时，这还意味着他对自己的能力感到力不从心。习惯于被包办的孩子不可能在一两天内就能独立自主，这是可以理解的。所以，孩子需要你提供一些协助，减轻他感受到的压力，这样他才能逐渐适应承担责任的过程。例如，孩子已经习惯了你每天帮助他收拾书包，而你希望他更自立，你就可以扮演辅助者的角色，提前告诉他："下周开始，你要自己收拾书包了，但这周我还是会帮助你的。第一天，我收拾一遍，你学。第二天，你收拾，我在旁边看。如果有遗漏，我会给你补充。我会陪你一周。"再如，孩子已经习惯了你陪着才能专注写作业，而你希望他独自做作业也能保持专注，你也可以用辅助者的角色帮助他过渡。你可以告诉孩子："从下周起，我不再陪你写作业了。但这周我还会陪你，只是会慢慢缩短时间。我还会和你一起总结，哪些方法能让你独自写作业时也专注高效。"在这个过程中，因为你并没有突然放手，而是作为辅助者提供协助，逐渐让孩子独立，孩子的压力自然会减轻，他对自我负责及履行规则的过程也不会太抵触。需要注意的是，十几岁的孩子不可能做到不经任何提醒就能完成所有约定。所以，你在这个过程中也需要有一些耐心。

现在请想一想，对于某些过度代劳的事，你可以如何做辅助者，帮助孩子实现独立自理？

| 提示卡片 | 新角色
辅助者
↓
检视对规则的内在认识＋逐渐培养独立能力
↓
家长更轻松＋孩子能力提升 | 做法
　　检视自己对规则、亲密等内在认识，告知孩子安排，创设循序渐进的良性机制，协助孩子逐渐形成能力。例如，"从下周起，我不再陪你写作业了。但这周我还会陪你，只是会慢慢缩短时间。我还会和你一起总结，哪些方法能让你独自写作业时也专注高效。" |

变革必定要经过阵痛，但良好的辅助能陪孩子更好地坚持渡过阵痛。

>>> **今日练习** <<<

（1）根据自己的理解总结本节要点（要点提示：代劳者、辅助者）。

（2）想一想自己在孩子的什么事上过于代劳了；尝试使用辅助者的角色，创设循序渐进的机制，让孩子为自己负责，并记录使用过程。

（3）自问自答：今日和孩子的互动交流中，自己主动创设良性机制的比例是多少？

（4）今日练习评价——认知进步得分（1 2 3 4 5）、技能习得得分（1 2 3 4 5）、实践应用得分（1 2 3 4 5）。

3.12　从控制者到参谋者：为什么你的完美安排，孩子不照办

　　心理学家戴安娜·鲍姆林（Diana Baumrind）将家长的养育方式分为专制型、放纵型、忽视型和权威型 4 种。每学年，我都会用养育量表对在校学生的家长进行养育类型调查。结果无一例外地显示，超过 60% 的家长采用的养育方式属于专制型。

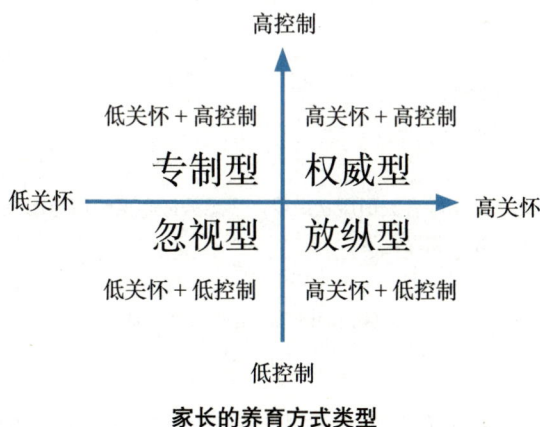

家长的养育方式类型

　　专制型养育方式具有以下特点：家长对孩子要求严格、

规则性强，通常对孩子有很高的期望，要求孩子在方方面面都服从自己的命令，而对孩子的情感关怀和温暖回应严重不足，在日常生活中基本不会鼓励和肯定孩子。在这种养育方式下成长的孩子通常会对自身要求很高，对自己的缺点或瑕疵容忍度很低。因为家长总是安排好一切，只要求孩子执行，所以这类孩子缺乏自主思考和行动的机会，他们的自我价值感、自驱力也通常比较低。研究显示，青少年的焦虑、抑郁、恐惧和敌对心理与家长的专制养育方式密不可分。经过专制型养育的孩子就像无法自然生长的花，因为家长的牢牢掌控，往往还没有盛开就早早地凋零了。

现在请想一想，你的养育方式属于哪一类？你也可以邀请孩子根据以上描述判断自己的养育方式是否属于专制型。

> **提示卡片**
>
> **不良角色**
> 控制者
> ↓
> 要求孩子在各方面服从命令，情感关怀和温暖回应严重不足，不会鼓励和肯定孩子
> ↓
> 孩子的自主性、自我价值感、自驱力都很低

其实，采用专制型养育方式的家长并非恶意使用控制的方式养育孩子。养育孩子对每个家长来说都是一次全新的经

历。初为人父人母，很多家长只能按照自己的理解与经历摸索养育方法，这自然就会导致他们受制于自身的经验局限。因此，即使你当前的养育方式是专制型，你也无需责难自己。人无法给出自己没有的东西，养育也是如此。但是，你已经开始学习了，这意味着你正在突破曾经的局限，你的养育方式正在变好。

通常，采用专制型养育方式的家长为了孩子有更好的发展，往往会按自己的理解把事情安排得尽善尽美，只要求孩子执行。然而，这类家长时常忽略了正反馈和肯定在养育中的重要性。因此，他们经常能说出这样的话："不要问为什么，我让你做，你就做""虽然这次语文进步了，但其他科目还差得远"。的确，相对于青春期孩子而言，家长的安排往往更长远，更周到。但是，家长需要明白，只有孩子内心认同这些安排和规划，他才会自愿发挥最大潜力，全力以赴。即使你的安排万无一失、完美无缺，如果执行者不服从，结果也会大打折扣。同时，如果孩子总是得到负反馈，没有正向的肯定与指导，他也很难有信心坚持下去。

想改变这种事倍功半、出力不讨好的局面，采用专制型养育方式的家长只需稍作调整。

前文提到过，青春期孩子与家长的关系很像驾校学员与副驾教练的关系，而采用专制型养育方式的家长却像一个与孩子抢夺方向盘的人。他们常常忘记，孩子终究是要自己开车远行的。因此，如果你能时常提醒自己这一点，就能及时把方向盘还给孩子。采用专制型养育方式的家长并非一无是处，他们的优势在于总能从旁观的角度指出孩子的不足之处。所以，对于孩子来说，他们其实是很好的参谋者。作为参谋者，你的理智分析可以让孩子提前知晓短期与长期的得失、精力得失、人际得失等。你只需要热心参谋、肯定所得、提醒所失就足够了，最终将决定权交给孩子。例如，当孩子的成绩止步不前时，你可以这样说："这次期中考试是全区统考，比较能反映你在整体中的情况。你和上次统考排名相近，说明大家都很努力。从分科上看，你的语文和英语成绩有明显提升，说明你在这两科已经找到了方法，很不错；数学、物理成绩提升不大，说明你还需要改变学习方法。需要我怎样帮助你，可以直接跟我说。"这样一来，孩子不仅能愉悦地行使自主权，还能从你的参谋中学会理智分析的方法，更能对你这个考虑周全的参谋产生信赖，并拉近亲子关系。这种办法一举三得，何乐而不为呢？

现在请想一想，你如何在养育中用参谋者角色代替控制者角色，把自主权交还给孩子，更好地让他为自己负责？

提示卡片	新角色 参谋者 ↓ 热心参谋、肯定所得、提醒所失 ↓ 孩子更自主＋学会理智分析决策＋对你信赖	做法 　　热心参谋、肯定所得、提醒所失，创设增强自驱力及理性思考的良性机制。例如，"这次考试是全区统考，比较能反映你在整体中的情况。你和上次统考排名相近，说明大家都很努力。从分科上看，你的语文和英语成绩有明显提升，很不错；数学、物理成绩提升不大，说明你还需要改变学习方法。"

你一直抓住方向盘，孩子就永远学不会开车。好的养育方式最终是让孩子能自己开车远行。

>>> **今日练习** <<<

（1）根据自己的理解总结本节要点（要点提示：控制者、参谋者）。

（2）想一想自己在哪些方面可能对孩子控制过度了，试着用参谋者的角色创设良性机制，把自主权交还给孩子。

（3）自问自答：今日和孩子的互动交流中，自己主动创设良性机制的比例是多少？

（4）今日练习评价——认知进步得分（1 2 3 4 5）、技能习得得分（1 2 3 4 5）、实践应用得分（1 2 3 4 5）。

3.13 案例练习：孩子写作业总是写到很晚，家长如何劝

今天是案例练习日。

1. 案例练习。以下困惑多次被家长提及，请你尝试根据所学进行分析，并写出你的具体解决办法。

孩子上初二后，作业变多了。但是，孩子自己写作业的效率有点低，晚上经常写到 1：00 以后才睡。我多次劝孩子早点睡，或者先休息，早上再写，但孩子听不进去。孩子经常是已经很困了，但她却说自己不困，边写边打瞌睡。我让她休息一下或洗个脸再写，她也不愿意。她还让我们不要管她，说完成作业后自然就会睡。作为家长，我和她妈妈很担心她的身体和精神状态，只好轮流陪她写。我们既心疼又心累，该怎么做才能让孩子早点睡？

_____

_____

_____

参考办法

首先，你可以回顾自己在这件事上曾扮演过哪些角色，并评估每种角色的有效性。然后，你可以利用以前的情绪练习梳理自己的想法，判断自己是否为理解孩子、解决问题腾出了心理空间。接着，你可以主动询问孩子的内心想法、理解他的情绪来源。最后，你可以参考本模块中介绍的新角色，看哪些新角色或新角色的组合能够为沟通创设有益的机制。

2. **角色应用。**请将你在这段时间使用新角色的过程记录下来，并记录孩子在你使用新角色、新沟通模式后的反应。

3.14 案例练习：孩子独立性差，总找借口，家长怎么办

今天是案例练习日。

1. 案例练习。以下困惑多次被家长提及，请你尝试根据所学进行分析，并写出你的具体解决办法。

我家离学校不算太远，平时孩子上下学都是家长接送。我曾和孩子商量过让他自己坐公交，但他一直不同意。有时学校放学早，或者遇到非常规时间放学，我们还在上班，接送很不方便。我一直想让孩子自己回家，但每次提起这事，他就会用书包重、不好打车等各种理由拒绝。我该怎么处理这个问题呢？

_____

_____

_____

_____

_____

_____

参考办法

首先，你可以梳理自身的内在想法及感受（可能包括不满、担忧、关爱、不忍等）。然后，你可以回顾自己在这件事上曾扮演过哪些角色，并评估每种角色的有效性。接着，你可以和孩子一起梳理各自的责任、义务、困难。最后，你可以参考本模块中介绍的新角色，看哪些新角色或新角色的组合能够为孩子创设有益的机制并解决问题。

2. 角色应用。 请将你在这段时间使用新角色的过程记录下来，并记录孩子在你使用新角色、新沟通模式后的反应。

_____

_____

_____

_____

_____

_____

_____

3.15　从限制者到同盟者：为什么孩子交了朋友就忘了爸妈

　　孩子进入青春期后，你是否经常有一种被孩子"抛弃"的感觉？你是否发现，从前和你亲密无间、时常亲昵的孩子突然变得和你无话可说，却总是和朋友聊得热火朝天？通过阅读第 1 章的内容，你应该已经了解到，这是因为孩子的大脑将"与同伴社交确定自我位置"设置成了优先任务，所以孩子才会产生以上与你疏远却和朋友无话不谈的表现。

　　如果你因为担心孩子交友耽误学业，或者担心孩子交友不慎受到伤害，而试图限制孩子的社交，那么你将会发现这种限制毫无作用。孩子依然会千方百计地用手机和朋友聊天，即使你没收了手机，他们也会花大量时间在社交相关的琐事上。因此，如果你在养育中总是扮演限制者的角色，那么你只会感到劳而无功、一筹莫展。

　　现在请想一想，你在孩子的交友方面都有哪些限制？这些限制是基于哪些想法产生的？

提示卡片	**不良角色** 限制者 ↓ 在社交上限制孩子 ↓ 劳而无功

其实，社交需求是人类生存的基本需求之一，这个需求贯穿于人生的各个年龄段。婴幼儿需要他人看护才能生存，青少年需要他人辅助才能获得成长，成年人需要保持社会联系以避免与社会脱节，老年人也需要社交来排解孤独与寂寥……总之，社交对每个人都很重要。而且，一个人因社交排斥感受到的痛苦也是非常真实的。俄亥俄州立大学的约瑟夫·拜尔教授和同事通过模拟社会排斥的研究发现，当被试者佩戴 VR 设备与虚拟人一起玩互相扔球的游戏（真人不知道与自己抛球的是虚拟人）时，如果虚拟人突然停止向被试者投球，被试者大脑中被激活的区域与其身体感受到疼痛时被激活的区域相同。这意味着，孩子在社交中感受到的痛苦是非常真实的。

对于青春期孩子特别在意社交及社交地位这类事，其实你可以创设能够提升他们能力的良性机制。只要你转变角色，成为理解并支持孩子社交的同盟者，事情就会立即变得容易很多。例如，你可以引导孩子主动帮助学业上较弱的同学，这样他们不仅能感受到自己社交地位的提升，还能在帮助他人的过程中深化自己的知识体系，促进自己的学业进步；当有人对孩子表示好感时，你可以和孩子一起探讨他们的魅力以及他们具备的社交能力，让孩子对自己的社交吸引力更自信……一旦你能在社交上成为孩子的同盟者，你就能更好地利用孩子对社交的在意，主动创设活动提升他们的社交地位和表现力。如此一来，你将会发现，你和孩子之间因社交限制而产生的冲突将大大减少，同时孩子还能顺利确立自己的社交地位，满足归属感。如果你正在为孩子使用手机的问题而苦恼，那么你也可以从社交吸引、同伴社交的角度想一想，怎样更好地为孩子创设使用手机的机制。因为据调查，青春期孩子在使用手机时经常做的就是和朋友聊天或打游戏，而这两类些活动的本质都是孩子在寻求社交。所以，你可以利用这一点创设符合孩子个性的良性机制。总之，当你愿意成为孩子的同盟者，能够像密友一样理解社交对他们的重要意义时，你就能想出更多促进他们发展的机制。

现在请想一想，你会如何利用同盟者的角色，以及孩子对社交地位的在意，为孩子创设能够促进他们发展的机制？

<table>
<tr><td rowspan="2">提示卡片</td><td>新角色
同盟者
↓
利用孩子对社交的在意，创设促进成长的活动
↓
亲子冲突变少 + 孩子社交地位提升 + 能力增强</td><td>做法
　　利用孩子对社交的在意，创设促进成长的机制。例如，引导孩子主动帮助学业上较弱的同学，通过帮助别人提升自己的社交地位，并深化自己的知识体系。</td></tr>
</table>

　　社交是人类生存的基本需求之一。青少年对社交的看重，等同于成年人对社会地位的在意。

>>> 今日练习 <<<

　　（1）根据自己的理解总结本节要点（要点提示：限制者、同盟者）。

　　（2）想一想自己在孩子的社交方面有没有一些限制。想办法设定机制，以同盟者的角色帮助孩子创设能够促进发展的机制。

　　（3）自问自答：今日和孩子的互动交流中，自己主动创设良性机制的比例是多少？

　　（4）今日练习评价——认知进步得分（1 2 3 4 5）、技能习得得分（1 2 3 4 5）、实践应用得分（1 2 3 4 5）。

3.16 从牺牲者到祝福者：为什么孩子对你的付出不感恩

在养育过程中，伤害性最强的角色莫过于家长扮演牺牲者。如果你经常在养育中扮演牺牲者，那么你会发现自己不仅出力不讨好，还时常感到愤懑、憋屈，而孩子不仅不感恩，还会经常刻意疏远你。

"为了你，我和你爸（妈）几年都没买过新衣服了！""每天起早贪黑，还不是为了你？""要不是为了你，我俩早都离婚了！""这些都是我们平时舍不得吃的，只有你回来，我们才做！""我们每天这么辛苦，你考这么点分，对得起我们吗？"你在成长的过程中，对这类话听到得多吗？在你现在的养育过程中，孩子听到这类话的频率高吗？

现在，请你评估自己在成长期间听到上述话语的频率（数字 1~5 分别代表很少听到、有时听到、时常听到、频繁听到、总是听到），也请你评估自己在养育过程中说这类话的频率（可邀请孩子评估你说这类话的频率）。

每位家长都想尽最大努力托举孩子，这是人之常情。许多家长都在养育过程中付出了大量的时间、精力和金钱，甚至有些家长还牺牲了自己的生活和事业……家长的这些付出的确都值得钦佩、被肯定、被感激。但需要注意，这些付出并不是家长与孩子交换的筹码。

在数学中，a+b 一定会有与之对等的 c，但在生活和生命中却并非如此。没有人敢承诺，你对生活投入全部的热情和努力，生活就会以事事顺遂和得偿所愿回报你；更没有人敢承诺，你为孩子的生活起居全然付出，孩子就会在成绩或其他你期待的方面出类拔萃、名列前茅。你对孩子的所有付出，并不能像数学中的等式一样精准计算出确切、固定的回报。而且，大多数情况下，孩子并不会要求家长付出或牺牲，这些付出或牺牲往往是家长一厢情愿或心甘情愿的选择。

提示卡片	**不良角色** 牺牲者 ↓ 线性思维、不能接受付出后没有回报 ↓ 家长伤心＋孩子不感恩

既然这些付出或牺牲原本是家长心甘情愿的托举，那为什么又会变成让孩子不堪重负的筹码、让家长充满怨气的负

担呢？这可能是因为家长还没有做好准备去直视"尽力托举也不一定有好结局"的事实。

生活是非线性的，由很多不确定因素构成，这个道理人尽皆知。然而，期待得偿所愿也是人之常情。因此，家长往往会希望用自己更多的努力和付出，换得孩子未来更大的确定性。有些家长起早贪黑照顾孩子的饮食，希望用自己的时间换来孩子身体强壮、平安健康；有些家长省吃俭用，尽力让孩子物质富足，希望用牺牲自己的物质享受避免孩子因拮据而忧思伤神，从而能全心全意投入学习中；有些家长任劳任怨，包揽家务，希望用自己的体力付出换来孩子在学习上奋勇向前的精力……家长期待所有的付出都能尽如人意，但生活的真相是没有什么是绝对确定的，即使你倾尽所有，孩子依然可能一生平庸，甚至生活艰难。如果你抗拒这个真相，不接受生活无常和自己能力有限的事实，那么你可能会试图通过付出更多、牺牲更多的方式，希望一切回到你期待的轨道上。然而，不幸的是你越这样做，生活越会用各种现实不厌其烦地告诉你真相。扮演牺牲者的家长，内心往往有这样的潜台词："我希望给你最好的，希望你出类拔萃、不同凡响，希望你生活得比我幸福，所以我付出了所有努力，做了所有能做的事，想让你更好……但你好像并不如我预想的那样优秀、幸福……我好着急，好担心，可是我已经尽我所能，付出了所有的资源和努力，为什么结果不是我预想的那样呢……一定是哪里出了问题……既然我已经尽力了，那么这问题绝对不在我！一定是孩子还不够努力。"扮演牺牲者的家长，如果不能意识到自己内心的这些想法，不能接受"生活并非有付出就有回报"的事实，那就可能永远困在牺牲者这个角色中。

家长如何才能摆脱牺牲者的角色，给予孩子更优质的养育资源或条件呢？

受困于牺牲者角色的家长需要知道，任何家长都不是全能的神，所以你完全不必苛责自己。相反，作为家长的你已经尽力了，在你的养育和付出中，孩子已经深切感受到了你对他的爱与期盼。同时，孩子也拥有自己的能力，他终究会自己远行闯荡。其实，你所有的付出已经为孩子的前进种下了勇气的种子，你曾经的起早贪黑会成为孩子艰难时支撑他的温暖回忆，你曾经的省吃俭用会塑造孩子不铺张浪费的良好品格……所以，祝福孩子吧，不要把付出作为筹码挂在嘴边，扮演牺牲者只会让孩子和你渐行渐远。没有孩子愿意背负一辈子的"恩情债"，因为这份养育之恩本就难以衡量和偿还。如果你能在养育过程中扮演祝福者的角色，更纯粹地去爱和付出，那么这不仅能消除你的愤懑与憋屈，还能让孩子放下心中的负担，更勇敢地追逐自己的梦想。

提示卡片	新角色 祝福者 ↓ 识别内心不合理的观点，纯粹的爱与陪伴 ↓ 家庭更有爱＋孩子没负担	做法 　　识别内心不合理的观点，纯粹地爱与陪伴，创设宽松、友爱的氛围机制。

像孩子刚出生时那样付出吧，心甘情愿的，只是去爱。

>>> 今日练习 <<<

（1）根据自己的理解总结本节要点（要点提示：牺牲者、祝福者）。

（2）回想自己在成长过程中听到父母诉说牺牲的感觉；问问孩子听到自己说这类话时的感受，以及频率。

（3）自问自答：今日和孩子的互动交流中，自己主动创设良性机制的比例是多少？

（4）今日练习评价——认知进步得分（1 2 3 4 5）、技能习得得分（1 2 3 4 5）、实践应用得分（1 2 3 4 5）。

3.17　从教导者到接纳者：为什么你安慰了孩子，孩子还说你不懂他

　　无论是成年人，还是青春期孩子，当他们深陷情绪漩涡、被情绪掌控时，最无效的沟通方式就是你扮演教导者的角色，理性地给他们提供各种指导和建议。

　　在日常中，你稍加留意就会发现，当你对一个情绪正激动的人说"小事没必要生气……""现实就是这样……""你这样肯定不行，试试我说的……""为什么就针对你……""从对方的角度想……可以理解"这类话时，你们的谈话往往会以"你根本不理解我""算了，和你说也没用""你怎么胳膊肘往外拐"等语句中止，或以话题转移潦草收尾。其实，当你开口说出上述话语时，你们的谈话就已经中断了。因为对于身陷情绪困境的人而言，你的这些话在他们耳中会自动变成"这事你都生气，你气量太小了""你现在还太脆弱，你要更强大""你不如我，我的方法绝对行""现在的结果都是你咎由自取，你活该""你还没有充分考虑各种因素"……

虽然你可能并无此意，但对于情绪激动、欠缺理智的人而言，他们听到的就是这些潜台词。所以，如果你经常对孩子说这些话，就是在拉远亲子之间的心理距离，让孩子无意再和你交谈。

现在请想一想，你和孩子的沟通经常因为你的哪些言辞而中断？

> **提示卡片**
>
> **不良角色**
> 教导者
> ↓
> 忽略孩子的情感，看似是理性交谈，实则是无效交流
> ↓
> 亲子心理距离变远

如果你正在为此类事情烦恼，那么第2章介绍的涵容、镜映等方法都能有效帮助你。如果你已经进行了第2章的练习，那么你应该已经能够适当地共情和回应孩子。大多数时候，孩子的情绪被接住，他的烦恼也就消失了。而且，一般情况下，孩子的情绪被接住后，孩子的理智脑就会自行激活，开始思考解决问题的方法。

如果你发现孩子提出的解决方法考虑不周全或不符合实际，其实很正常。你不能指望未成年的孩子和成年人一样有智慧、有远见。认识到这一点非常重要，它能让你及时从各

种不满意和不切实际的期待中跳脱出来，接受孩子当下的真实现状。当你发现孩子提出的办法显得空泛、难以实现时，你可以扮演一个全盘接受的接纳者，和孩子一起头脑风暴，提出更多的解决方法。需要注意的是，在头脑风暴过程中，无论孩子提出怎样的方法，你都不能做任何评价，因为评价会打破你们合作的氛围。例如，当你和孩子针对"使用手机"的问题进行头脑风暴时，孩子可能会提出"手机由自己保管，自己控制好自己"这类你认为不切实际的方法，但你不用急于反驳，只需要和他逐一记录你们提到的所有方法即可。一旦你看到不满意的方法就开始说教，孩子会立即感受到你的教导者角色，他也会立刻失去继续与你合作的兴趣。

　　头脑风暴之后，你可以与孩子一起逐条审视这些方法的可行性和优缺点，一起决定这些方法的去留。在这个过程中，如果你们都同意保留某些方法，就可以直接商定对应的行动细节；如果你们对一些方法存在争议，就可以轮流阐述各自的理由，然后一起想办法调整，使其同时符合双方的要求。例如，对于孩子提出的"手机由自己保管"这类方法，你可以坦诚地表达你的不放心，并指出你认为的这条方法存在的缺陷和不足。同时，你还可以提出对这条方法的修改建议。这样一来，你作为成年人的理智和远见才能真正有效地融入亲子对话中，而你们的沟通也不会再陷入你口若悬河地教导、孩子却避而远之的双输局面。

现在请想一想，你以接纳者的角色可以帮助孩子在哪些问题上有所改进？

提示卡片	新角色 接纳者 ↓ 接住情绪、接受现状、共同解决 ↓ 家长发挥作用＋孩子习得能力	做法 　接住情绪、接纳现状、共同解决，创设孩子自己思考、相互合作的机制。例如，首先头脑风暴解决方案，不对方法做评价；然后共同审视每条方法的可行性、行动细节等，共商优化建议。

忽略情绪，只关注问题，只会让亲子关系渐行渐远。

今日练习

（1）根据自己的理解总结本节要点（要点提示：教导者、接纳者）。

（2）想一想自己和孩子的沟通经常因哪些言辞而中断，以接纳者的角色可以帮助孩子在哪些问题上有所改进。

（3）自问自答：今日和孩子的互动交流中，自己主动创设良性机制的比例是多少？

（4）今日练习评价——认知进步得分（1 2 3 4 5）、技能习得得分（1 2 3 4 5）、实践应用得分（1 2 3 4 5）。

3.18 不良沟通模式识别：读懂你家孩子的专属说明书

除了前期练习中介绍的挑剔者、诱惑者、惩罚者、唠叨者、制止者、代劳者、控制者、限定者、牺牲者、教导者 10 种常见的不良沟通角色以外，还有很多不典型、不常见的沟通角色同样会阻碍养育。要判断你在养育中使用的是有效角色还是无效角色，只需要根据"你的角色是否促进了孩子的能力发展，是否创设了帮助他激活思维脑的机制"这一条标准即可。一旦你发现孩子在你们的沟通中表现出置之不理（回避）、反感抵触（对抗）或呆若木鸡（呆住），都说明你当下使用的是无效角色。如果你想帮助孩子成长，就需要尽快切换角色、转变沟通模式。

> **提示卡片**
>
> **不良沟通模式**
> - 没有促进孩子的能力发展，没有创设激活思维脑的机制。
> - 孩子表现出置之不理、反感抵触或呆若木鸡。

想要提高亲子沟通的效果，除了及时识别不良沟通模式、转变角色以外，你还需要对孩子的个性明察秋毫。每个孩子都有自己的个性和情绪特点，如果你能对孩子的个性了如指掌，就能更灵活地切换养育角色，及时找到适合孩子的沟通方法。例如，有些孩子对情绪的耐受度更高、钝感力更强，即使家长反复提醒或唠叨，也不会激发他的抵触情绪，甚至他还能从家长的反复念叨中发现不足并及时改善；但有些孩子对情绪敏感，自尊心也较强，家长的多次提醒可能就会激发他的反感。因此，在日常生活中，你需要留意自家孩子的个性表现，这样就能更有预见性地避开与孩子不匹配的沟通模式。

你可以通过以下问题收集孩子在脾气秉性方面的信息。

- 孩子在哪类话题、哪些沟通方式上容易对我说的话置之不理或抵触反感？
- 他置之不理或抵触反感时有哪些表情、语言及行为上的表现征兆？
- 我曾经在这类情境中化解过他的不理睬或反感吗？我是怎样做到的？
- 孩子在我扮演哪些沟通角色时会很乐意与我交流？我当时是怎样做的？
- 我怎样说话时和孩子的交流更顺畅？我是怎样做的？

除了以上问题，你还可以问孩子以下问题，以获得最直接、最有效的反馈。

- 爸爸 / 妈妈以往和你的有效沟通中，你对哪次印象深刻？
- 你比较喜欢哪次沟通过程，爸爸 / 妈妈是怎样做的？
- 你最不喜欢爸爸 / 妈妈和你怎样交流？

提示卡片

留意孩子的秉性特点
- 在日常中留意孩子的表现。
- 直接寻求孩子对过往交流过程的反馈。

想养好一株植物，你要知道所养植物的特点。同样，想要让孩子苗壮成长，你就要因材施教。不同的是，植物不会说话，无论你忽视还是悉心照料，它都只能全盘接受；但孩子会说话，只要你愿意问、愿意听，就能得到最及时、最有效的养育反馈。

现在请想一想，你家孩子的个性是怎样的？试着汇总起来，得到一份专属于自家孩子的相处说明书。

养孩子与养花一样，只要你按照他的个性来，他就会苗壮成长。

>>> **今日练习** <<<

（1）根据自己的理解总结本节要点（要点提示：不良沟通的核心、孩子的个性）。

（2）自行思考或询问孩子，回答文中问题，汇总成专属于自家孩子的相处说明书。

（3）自问自答：今日和孩子的互动交流中，自己主动创设良性机制的比例是多少？

（4）今日练习评价——认知进步得分（1 2 3 4 5）、技能习得得分（1 2 3 4 5）、实践应用得分（1 2 3 4 5）。

3.19　创建日常家庭仪式：让日常时光成为亲子关系的润滑剂

家存在的意义到底是什么？

你是否和孩子、爱人探讨过家对于你们各自的意义呢？

有人说，家是港湾，有着让人可以随时停靠的心安；有人说，家是挂念，永远都是离家之人梦的源泉；有人说，家是充电站，即使岁月艰难，也能让人稍事休息后依然勇往直前……

对于你，家是什么呢？

你期待的家又是什么样的呢？

你喜欢你现在的家吗？

你为你期待中的家做过努力吗？

其实，你和家人每一天的言行举止都在构建家庭未来的样子。所以，每一天你都可以和家人一起，让家变成你们更喜欢的样子。

你们可以，在饭后留一段共处时间，聊一聊学习、工作以外的事，谈一谈各自的趣事和每日心得。

你们可以，一起去尝试新鲜事物，在特别的体验中，为平淡的生活和共同的回忆增添更丰富的色彩。

你们可以，设定一个固定时间，分享每个人的困扰和烦恼，让家人的友善与支持包裹你最柔软的情感。

你们可以，在彼此犯错时给对方一个宽容的微笑，鼓励彼此用积极的成长思维，把错误当成学习的好机会。

……

在很多个"你们可以"之后，家就会慢慢变成你们共同期待的样子，而这一切都将变成专属于你们的温暖回忆。

> **提示卡片**
>
> **家庭活动**
> - 饭后的留白时间。
> - 体验新鲜事物。
> - 分享深层情感。
> - 用成长型思维看待错误。
> ……

对于你们，家的意义到底是什么呢？

今天就和孩子、爱人一起，把家变成你们喜欢的样子吧！

>>> **今日练习** <<<

（1）根据自己的理解总结本节要点（要点提示：家的意义、日常仪式）。

（2）和家庭成员商定一个每周的家庭活动，一边实践，一边完善，让它成为你们深度了解彼此、给彼此提供依托和滋养的常规活动。

（3）汇总这些天中你尝试过的、有效的新角色及新沟通模式，写出自己的具体做法及心得。

（4）今日练习评价——认知进步得分（1 2 3 4 5）、技能习得得分（1 2 3 4 5）、实践应用得分（1 2 3 4 5）。

3.20　案例练习：孩子拒绝家长的所有建议，家长该怎么办

今天是案例练习日。

1. 案例练习。以下困惑多次被家长提及，请你尝试根据所学进行分析，并写出你的具体解决办法。

孩子不愿意按照我教给他的方法学习，不管我用什么方式给他提供学习建议或帮助，他都很抵触，不愿意接受。例如，在预习英语单词时，我建议他听录音跟读，他拒绝；我读给他听，他也拒绝；让他读一下，我听是否正确，他还是拒绝；让他读一读课文，他依然拒绝。他只愿意自己看音标。面对这种情况，我该怎么处理？

参考办法

首先，你可以梳理自身的内在想法及感受（可能包括不满、担忧、焦虑、期待等）。然后，你可以回顾自己在这件事上曾扮演过哪些角色，并评估每种角色的有效性。接着，你可以问孩子的想法、倾听他的理由。然后，你需要和孩子一同确认各自的职责内容及责任边界。最后，你可以参考本模块中介绍的新角色，为沟通创设有益的机制。

2. 角色应用。 将你在这段时间使用新角色的过程记录下来，并记录你使用新角色、新沟通模式后孩子的反应。

3.21　案例练习：孩子不愿与家长沟通，家长该怎么办

今天是案例练习日。

1. 案例练习。以下困惑多次被家长提及，请你尝试根据所学进行分析，并写出你的具体解决办法。

我家孩子不太乐意和我们沟通，学校老师对他的评价也是不善表达、不爱表现自己。当我们进行说教或诚恳的沟通请求时，他通常以沉默回应，情绪冲动时甚至会说出一些刺激的话来终止对话。例如，"我去死呀""你不是我最亲的人"。每次我和他沟通时滔滔不绝地讲了一大堆，最终他只会回一句"我不想说"。我该如何才能和孩子进行有效的沟通？

参考办法

首先，你可以梳理自身的内在想法及感受（可能包括不满、伤心、着急、埋怨等）。然后，你可以试着用写信、留言等非面谈的方式问孩子的想法，了解他的内心。接着，你可以回顾自己在这件事上曾扮演过哪些角色，并评估每种角色的有效性。同时，你还需要思考边界及尊重等议题。最后，你可以参考本模块中介绍的新角色，为沟通创设有益的机制。

2. 角色应用。将你在这段时间使用新角色的过程记录下来，并记录你使用新角色、新沟通模式后孩子的反应。

《家庭功能评定量表》①

说明： 以下为《家庭功能评定量表》，你可先用量表评估自己家庭功能的不足之处，然后更有侧重地练习相应的专题。

指导语： 这份量表包含了一些对家庭的描述，请你仔细阅读每一项，并根据近两个月自己对家庭的看法（或者对家庭近期的印象），在 4 个可选的答案中圈出与家庭情况最接近的数字。年龄在 12 岁以上的家庭成员都可以完成此量表。

- 很像我家 1：表示这一项非常准确地描述了你的家庭情况。

- 像我家 2：表示这一项大致描述了你的家庭情况。

- 不像我家 3：表示这一项不太符合你的家庭情况。

- 完全不像我家 4：表示这一项完全不符合你的家庭情况。

---

① 注：此量表摘自中国心理卫生杂志出版社于 1999 年出版的汪向东、王希林、马弘的著作《心理卫生评定量表手册（增订版）》。

问题	很像我家	像我家	不像我家	完全不像我家
*1. 由于我们彼此误解，难以安排一些家庭活动	1	2	3	4
2. 我们在住处附近解决大多数日常问题	1	2	3	4
3. 当家中有人烦恼时，其他人知道他为什么烦恼	1	2	3	4
*4. 当你要求某人做某事时，你必须检查他们是否做了	1	2	3	4
*5. 当某人遇到麻烦时，其他人会过分关注	1	2	3	4
6. 发生危机时，我们能相互支持	1	2	3	4
*7. 当发生了出乎预料的意外时，我们手足无措	1	2	3	4
*8. 我们家时常把自己需要的东西用光	1	2	3	4
*9. 我们相互都不愿流露出自己的感情	1	2	3	4
10. 我们肯定家庭成员都尽到了各自的家庭职责	1	2	3	4
*11. 我们不能相互谈论自己的忧愁	1	2	3	4
12. 我们经常根据自己对问题的决定去行动	1	2	3	4
13. 你的事只有对别人也重要时，他们才会感兴趣	1	2	3	4

（续表）

问题	很像我家	像我家	不像我家	完全不像我家
*14. 从那些人正在谈的话中，你不明白其中一个人是怎么想的	1	2	3	4
*15. 家务事没有由家庭成员充分分担	1	2	3	4
16. 每个人是什么样的，都能被别人认可	1	2	3	4
*17. 你不按规矩办事，却很容易逃脱处分	1	2	3	4
18. 大家都把事情摆在桌面上说，而不用暗示的方法	1	2	3	4
*19. 我们中有些人缺乏感情	1	2	3	4
20. 在遇到突发事件时，我们知道怎么处理	1	2	3	4
*21. 我们避免谈及自己害怕和关注的事	1	2	3	4
*22. 我们难得相互说出温存的感受	1	2	3	4
*23. 我们遇到经济困难	1	2	3	4
24. 在我们家，出现一个问题后，我们通常会持续关注这个问题是否已解决	1	2	3	4
*25. 我们太以自我为中心了	1	2	3	4
26. 我们能相互表达自己的感受	1	2	3	4

（续表）

问题	很像我家	像我家	不像我家	完全不像我家
*27. 我们对各自穿衣打扮的习惯无明确要求	1	2	3	4
*28. 我们彼此间不表示爱意	1	2	3	4
29. 我们对人说话都直说，而不转弯抹角	1	2	3	4
30. 我们每个人都有特定的任务和职责	1	2	3	4
*31. 家庭的情绪、气氛很不好	1	2	3	4
32. 我们有惩罚人的原则	1	2	3	4
*33. 只有当某事使我们都感兴趣时，我们才一起参加	1	2	3	4
*34. 没有时间做自己感兴趣的事	1	2	3	4
*35. 我们经常不把自己的想法说出来	1	2	3	4
36. 我们感到自己能被别人容忍	1	2	3	4
*37. 只有当某件事对个人有利时，我们才相互感兴趣	1	2	3	4
38. 我们能解决大多数情绪上的烦恼	1	2	3	4
*39. 在我们家，亲密和温存居次要地位	1	2	3	4
40. 我们讨论谁做家务	1	2	3	4

（续表）

问题	很像我家	像我家	不像我家	完全不像我家
*41. 在我们家对事情做出决定是困难的	1	2	3	4
*42. 我们家的人只有在对自己有利时才彼此关照	1	2	3	4
43. 我们相互之间都很坦率	1	2	3	4
*44. 我们不遵从任何规则和标准	1	2	3	4
*45. 如果要人做某件事，他们常需别人提醒	1	2	3	4
46. 我们能够对如何解决问题做出决定	1	2	3	4
*47. 如果原则被打破，我们不知道将会发生什么事	1	2	3	4
*48. 在我们家，任何事都行得通	1	2	3	4
49. 我们将温存表达出来	1	2	3	4
50. 我们镇静地面对涉及感情的问题	1	2	3	4
*51. 我们不能和睦相处	1	2	3	4
*52. 我们一生气，就互不讲话	1	2	3	4
*53. 一般来说，我们对分配给自己的家务活都感到不满意	1	2	3	4

（续表）

问题	很像我家	像我家	不像我家	完全不像我家
*54. 尽管我们用意良好，但还是过多地干预了彼此的生活	1	2	3	4
55. 我们有应付危险情况的原则	1	2	3	4
56. 我们相互信赖	1	2	3	4
57. 我们当众哭出声来	1	2	3	4
*58. 我们没有合适的交通工具	1	2	3	4
59. 我们不喜欢有些人的所作所为时，就会给他指出来	1	2	3	4
60. 我们想尽各种办法解决问题	1	2	3	4

评分标准

不带 * 号的条目，作答得分为实际得分；带 * 号的条目，实际得分 =5− 作答得分（例如，第一题，你的作答为 1，那么你在此题的实际得分为 4 分）。家庭得分为"成员总分的和，除以作答人数"。家庭得分在 60～120 分表示家庭功能好，121～180 分表示家庭功能一般，181～240 分表示家庭功能差。各维度总得分为"成员在条目得分的和，除以作答人数"。各个维度的情况具体如下。

问题解决：包含条目 2、12、24、38、50、60。评估家庭有效维持基本功能及解决各种问题的能力（操作问题和情绪问题）。操作问题指日常生活中的实践活动，如购物、修理物品等；情绪问题则关注情绪的处理。本维度总得分大于 12 分，则你的家庭在此维度需要提升。

沟通交流：包含条目 3、14、18、22、29、35、43、52、59。评估家庭成员的交流过程及方式，包括成员之间交流内容的清晰度、信息传递的直接程度、交流频率、表达想法和感受的自由程度。本维度总得分大于 18 分，则你的家庭在此维度需要提升。

角色分配：包含条目 4、8、10、15、23、30、34、40、45、53、58。评估家庭是否建立了一套可以维持家庭功能运转的行为模式，包括家庭成员对各自角色的认知程度及对责任的履行情况（如提供生活来源、保障营养供给、支持个人发展等）、家庭事务的分配及管理情况（如分工科学合理、执行过程公平有效等）。本维度总得分大于 22 分，则你的家庭在此维度需要提升。

情感反应：包含条目 9、19、28、39、49、57。评估家庭成员对情绪刺激的情感反应，衡量家庭成员之间相互支持和理解的程度、彼此亲密的程度。本维度总得分大于 12 分，则你的家庭在此维度需要提升。

情感介入：包含条目 5、13、25、33、37、42、54。评估家庭成员对彼此事务的关心及重视程度。本维度总得分大于

14 分，则你的家庭在此维度需要提升。

行为控制：包含条目 7、17、20、27、32、44、47、48、55。评估家庭成员在行为管理及控制方面的有效性。本维度总得分大于 18 分，则你的家庭在此维度需要提升。

总的功能：包含条目 1、6、11、16、21、26、31、36、41、46、51、56。从总体上评定家庭的功能。本维度总得分大于 24 分，则你的家庭在此维度需要提升。

参考文献

[1] Dweck, C. S. Mindset: The New Psychology of Success[M]. New York: Ballantine Books, 2007.

[2] Dahl, R. E. Adolescent brain development: a period of vulnerabilities and opportunities [J]. Annals of the New York Academy of Sciences, 2004, 1021(1):1-22.

[3] 林崇德. 发展心理学［M］. 杭州：浙江教育出版社，2002.

[4] 宋臻. 学校和家庭中的特色教育课——赋权型性教育：给孩子好的性教育［J］. 职业，2018，498（35）：18-19.

[5] 冯泽君，杰伊·N·吉德. 冲动与冒险：解构青春期大脑［J］. 环球科学，2015，10（7）：36-41.

[6] 胡瑞，梁宗保，张光珍，等. 情绪教养视角：父母元情绪理念与儿童心理社会适应［J］. 心理科学进展，2017，25(4)：599-608.

[7] 龙迪勇. 事件：叙述与阐释——叙事学研究之三［J］. 江西社会科学，2001，22（10）：15-24.

[8] 陈屹，石惠，唐平. 积极认知行为治疗的基本方法［J］. 西南交通大学学报（社会科学版），2012，13（1）：6.

[9] 阿尔伯特·艾利斯，黛比·约菲·艾利斯. 理性情绪行为治疗［M］. 重庆：重庆大学出版社，2015.

[10] Lieberman，M.D., Eisenberger, N.I., Crockett, M. J., et al. Putting

feelings into words: affect labeling disrupts amygdala activity in response to affective stimuli[J]. Psychological Science, 2007, 18 (5): 421-428.

[11] 汪向东，王希林，马弘．心理卫生评定量表手册（增订版）［M］．北京：中国心理卫生杂志出版社，1999．

[12] 毛惠梨，彭妤，熊思成，等．青少年睡眠问题与反刍思维的关联性分析［J］．教育生物学杂志，2021，9（1）：11-31．

[13] 周岭．认知觉醒［M］．北京：人民邮电出版社，2020．

[14] 马修·利伯曼．社交天性：人类社交的三大驱动力［M］．杭州：浙江人民出版社，2016．

[15] 石伟．父母知情对青少年冒险行为的影响与教育建议［J］．中小学心理健康教育，2021，21（6）：9．

[16] 王墨耘，傅小兰．内隐人格理论的实体论——渐变论维度研究述评［J］．心理科学进展，2003，11（2）：153-159．

[17] 杨佳琳，宋红涛，张理义，等．睡眠剥夺对健康青年人心理健康和血清皮质醇影响及相关性研究［J］．中华保健医学杂志，2015，17（6）：456-459．

[18] 曾奇峰．隐秘的人格：人格怎样决定命运［M］．北京：北京联合出版公司，2022．

[19] 简·尼尔森．正面管教：如何不惩罚、不娇纵地有效管教孩子［M］．北京：京华出版社，2009．

[20] 张夫伟．青少年冒险行为的教育现象学考察［J］．南京师大学报（社会科学版），2022，68（2）：25-33．

[21] 张名琛，李岩松．青春的幻想狂热而可爱——青少年为何容易冒险［J］．教育家，2022，8（47）：6．

[22] 张日昇．咨询心理学［M］．北京：人民教育出版社，2009．